CARTE de VISITE

Français des relations professionnelles

Guide de conversation

Jacques Delcos

Rédaction : Jaana Sormunen
Couverture : Cheri Tamminen
Maquette : Maileena Kurkinen
Mise en page : Aila Karjaluoto, YLE TKMA Painotuotepalvelu

ISBN 951-43-0794-1

©YLE/Les éditions Didier, Paris, 2000

ISBN 2-278-04911-9   Imprimé en France par IME

Le Guide de conversation est un ensemble d'expressions usuelles qui permet de s'exprimer de manière exacte et correcte dans des situations professionnelles précises ainsi que dans les relations quotidiennes avec des collègues ou partenaires francophones.

L'objectif de ce livret est de donner à l'utilisateur un choix étendu d'expressions clés pour qu'il puisse se préparer à l'avance à différentes situations, réviser son français dans un but déterminé, ou bien apprendre ces formules de manière systématique. Ces expressions sont classées en deux sections:

FONCTIONS

On trouve dans cette section les actes de communication de la vie sociale (S) (accueillir, se présenter,...), et les actes de communication liés à la discussion, la négociation et l'expression de la pensée (D) (persuader, rassurer,...). Pour varier, plusieurs expressions ou formules possibles sont données, les plus communes étant mises en évidence sur un fond teinté.

SITUATIONS

Cette section propose un regroupement d'actes de communication appartenant à une situation globale (au téléphone, présenter un produit, conférence,...), souvent avec les répliques des deux interlocuteurs ou parties opposées.

Les expressions sont en général présentées dans des phrases complètes afin de mettre en évidence la structure et les formes verbales utilisées. Le mode subjonctif est signalé par **s**.

Un registre de langue soutenu est repéré par un ✦, tandis qu'un ▼ signale une tournure plus familière.
La référence à un autre mot est marquée par ➤.

Une courte liste des abréviations les plus utiles dans les relations professionnelles se trouve à la fin du livret.

SOMMAIRE

INDEX FRANÇAIS   I - X

FONCTIONS A - Z   1

SITUATIONS   51

Au téléphone   51
Rendez-vous   55
Recrutement   57
Présenter une entreprise   62
Présenter un produit   68
Présenter un service   71
Présenter un exposé   73
Réunion   77
Négociation   81
Conférence internationale, congrès   83
Dîner - recevoir/être reçu   89
En voyage   92

ABRÉVIATIONS   97

A

accepter : a. une invitation 22
ACCORD (D) 1 ; arriver à un a. 82
accorder la permission 32
ACCUEILLIR (S) 2
activités (d'une entreprise) 63
admettre ➤ CONCÉDER 12
administration 63, 62
AIDE (S) 4 ; aides visuelles 75
AJOUTER (D) 5
ALTERNATIVE (D) 5
annuler (un rendez-vous) 56
apéritif 89
approuver ➤ ACCORD 1
après-vente 69
argent : retirer de l'a. 95
assurer : rassurer en assurant 41
à table 90
ATTIRER L'ATTENTION (D) 5
AU REVOIR (S) 6 ; salutations pour se quitter 49
avion 94
avis ➤ OPINION 26

B

banque : retirer de l'argent 95
bienvenue : souhaiter la b. (accueillir) 3
bureau : accueillir dans le b. 2
bus 95

C

candidature : défendre sa c. 59
CARTE DE VISITE (S) 7
certitude ➤ PROBABILITÉ 36
CHANGER DE SUJET (D) 8
choix: c. de produits 69
clore : c. la réunion 80 ; c. la conférence 87
COMMENCER (D) 8
compétences 60 ; (formation, expérience) 57
compliment (pour l'hôte/sse de maison) 90
COMPRENDRE (SD) 9 : c. bien, c. mal, se faire c.
COMPROMIS (D) 10 ; arriver à un c. 82
COMPTE-RENDU (D) 11
CONCÉDER (D) 12
CONCLURE (D) 12 : c. (terminer) un exposé 76 ; c. la négociation 82 ;
    c. une visite 13 ; résumer avant de c. 47
CONDOLÉANCES (S) 13
conduire une réunion 77
CONFÉRENCE INTERNATIONALE 83
CONFIRMER (SD) 14 ; c. un rendez-vous 55 ; se faire c. 9
CONGRÈS 83
conseiller : proposer sous forme de conseil 38
contredire ➤ DÉTROMPER 16
coordonnées : donner ses c. 7
CORRIGER (D) 14

D

débat 84 ; lancer le d. 78 ; ouverture des d. 83
DÉCLARER (D) 15
dédommagement : dédommager 42
délégations 87

demande(r) : d. d'aide 4 ; d. de confirmation 14 ; d. d'information 4 ;
    d. l'opinion 26 ; d. la permission 32 ; d. de précision 33
DÉMENTIR (D) 15
DÉSACCORD (D) 16
désapprobation 39
DÉTROMPER (D) 16
digestif : après le repas 91
DIGRESSION (D) 17 ; (pendant l'exposé) 75
DÎNER 89
dire au revoir 6 ; salutations pour se quitter 49
dire bonjour : salutations à la rencontre 48
diriger une réunion 77
discours : résumer un d. 48
(se) disculper : suite à une réclamation 42
discussion 84 ; ouverture des d. 83
distribuer la parole 29, 78
doute : émettre des doutes 81
DOUTER (D) 18
droit de parole 85
droit de réponse 85

E

employés 64
entreprise ➤ PRÉSENTER UNE ENTREPRISE 62
erreur: excuses à la suite d'une e. 20 ; e. au téléphone 53
étonnement : manifester un é. 18
être reçu ➤ DÎNER 89
ÉVITER (D) 19 ; é. de répondre 79
examiner la réclamation 42
exemple : introduire un e. illustrant un propos 76
EXCUSES (SD) 19 ; s'excuser de partir 7 ; présenter des e. (suite à une
    réclamation) 42
expérience : (recrutement) 57, 59

explication ➤ introduire une e. 34
exposé 73 ; terminer un e. 12
exprimer : e. des doutes 18 ; e. son opposition 28 ; e. une
    protestation 39 ; e. un regret 45 ; e. un souhait 49

faire connaissance ➤ SE PRÉSENTER 35
faire des reproches 47
faire des voeux 50
FÉLICITER (S) 20
fin de séance 87
finir (une présentation, une visite) 67
fixer un rendez-vous 46
fonctions actuelles 60
formation 57, 59

gagner du temps (éviter de répondre) 19, 81

H

(à l') hôtel 92
HÉSITER (D) 21
historique (d'une entreprise) 62
honoraires 72
horaires 93, 94
hôte, hôtesse 89
HYPOTHÈSE (D) 21

I

impossibilité ➤ PROBABILITÉ 37
improbabilité ➤ PROBABILITÉ 37
(s')informer 37
innovation 69
insister : i. pour continuer 31 ; i. pour obtenir la parole 29
interrompre : demander la parole 29
intervention : demander la parole après, pendant l'i. 29 ; solliciter
 les i. 29 ; liste d'i. 84 ; i. diverses (conférence, congrès) 87
INVITATION (S) 22
invités : accueillir des i. chez soi 3 ; ➤DÎNER 89

J

justifier (ses arguments) 82

L

liste d'interventions 84
livraison 69
louer une voiture 93

M

magasins : dans les m. 95
MALENTENDU (D) 23
médecin 96
métro 94
mettre aux voix 79
METTRE EN GARDE (D) 24
MINIMISER (D) 24 ; m. une réclamation 42
minute de silence 13

mise au point 15
modifier (un rendez-vous) 56
motions 86
motivations 58, 61

NÉGOCIATION 81
NUANCER (D) 25 ; n. une opinion 75

OBLIGATION (D) 25
offre : o. (proposition) d'aide 4 ; refuser une o. d'aide 44
OPINION (D) 26 : demander une o., donner son o. ; introduire une o.
    personnelle 75 ; présenter son o. de façon nuancée 25
OPPOSITION (D) 28
ordonner 26
ordre ➤ OBLIGATION 25 ; o. et discipline 86 ; rappeler à l'o.
    (digression) 17
ordre du jour 83 ; (présenter la réunion) 77
organigramme, organisation 64
ouverture des séances, discussions, débats, interventions 83
ouvrir : o. la conférence, le congrès 83 ; o. la réunion 77

PAROLE (D) 29 : demander la p., donner la p., garder la p., prendre
    la p., 78 ; droit de p. 85
partager: p. le mécontentement de qqn d'autre 40
PERMISSION (D) 32
PERSUADER (D) 32
plan de l'exposé 73

poser le problème ➤ COMMENCER 8
possibilité ➤ PROBABILITÉ 36
PRÉCISER (D) 33
prendre congé 6
prendre des distances (avec ce qui a été dit) 76
prendre des précautions : donner son opinion en prenant des p. 28
prendre rendez-vous 46, 55
PRÉSENTER QQN À QQN (S) 34
(SE) PRÉSENTER (S) 35
PRÉSENTER UNE ENTREPRISE 62
PRÉSENTER UN EXPOSÉ 73
PRÉSENTER UN PRODUIT 68
PRÉSENTER UN SERVICE 71
présider : p. une réunion 77 ; rôle du président 83
prix (d'un produit) 70
PROBABILITÉ (D) 36
profil du poste 57
PROJET (D) 37
PROPOSER (DS) 38 ; p. de tutoyer 50
proposition ➤ PROPOSER 38 ; p. d'aide 4 ; p. de résolution 86 ;
        refuser une p. 44 ; faire des p. souples et prudentes 81
PROTESTER (DS) 39, 82

Q

qualités (d'un produit) 68
questions: poser, solliciter des q. 66 ; q. sur un produit 70
(se) quitter ➤ AU REVOIR 6 ; ➤ SALUTATIONS 49

R

rapport : faire le r. d'une approbation 2, d'un désaccord 16 ; résumer un r. 48

RASSURER (DS) 40, 82

récapituler 47

réception: accueillir à la r. 2 ; inviter à une r. 22

recevoir ➤ DÎNER 89

RÉCLAMATION (DS) 41

recommandation : proposition sous forme de r. 38

RECRUTEMENT 57

rectifier 14

RÉFÉRENCE (D) 43

(se) référer à qqch ➤ RÉFÉRENCE 43 ; se référer à l'opinion d'une autre personne 76

REFORMULER (D) 44 ; r. les propositions adverses 81

REFUSER (DS) 44 ; r. une invitation 22 ; r. la permission 32

REGRETTER (DS) 45

REMERCIEMENTS (SD) 45 ; après avoir pris la parole 31 ; r. des délégations 87

remettre à plus tard (une réponse, discussion) 19

renommée 70, 71

(se) renseigner : demande d'information 4

RENDEZ-VOUS (S) 46, 55

repondre : éviter de r. 19

REPROCHER (D) 47

R.E.R. 94

réservations 92 ; réserver un taxi 95

RÉSUMER (D) 47

retard : excuses à la suite d'un r. 19

RÉUNION 77 ; demander la parole en r. formelle 29 ; fin de r. 13 ; suspendre la r. 80

rupture (en négociation) 82

S

salaire 58, 61
SALUTATIONS (S) 48 ; à l'ouverture de conférence, congrès 83 ; s.
    des délégations 87
savoir-faire 71
sécurité 65
services d'urgence 96
situation économique 64
SOUHAITER (DS) 49 ; s. la bienvenue (accueillir) 3
source : référence à des sources 43
structure (d'une entreprise) 62
subir: s. une obligation 25
suggérer 38
supposer ➤ HYPOTHÈSE 21
suspendre (la réunion) 80

T

(à) table 90
taxi 95
(AU) TÉLÉPHONE 51 ; se présenter au t. 36 ; remerciements au t. 46
temps de parole : limiter le t. 31 ; faire respecter le t. 78
terminer: t. un exposé 76
tour de parole 88 ; distribuer les t. 30 ; faire respecter le t. 31, 78
train 93
transports en commun 94
TUTOYER (S) 50

V

visite : v. des lieux de travail, d'une entreprise 65 ; la fin d'une v. 13 ; remerciements à l'organisateur d'une v. 45

visiteurs : accueillir des v. sur le lieu de travail 3 ; remerciements à des v. 45

vœux : faire des v. 50

vote : passer au v. 86, mettre aux voix 79

(EN) VOYAGE 92

ACCORD

EXPRIMER SON ACCORD, APPROUVER

accord, approbation sans réserve

- Tout à fait.
- Je suis d'accord.
- Tout à fait d'accord !
- Bien entendu.
- Bien sûr.
- Effectivement.
- Sans aucun doute.
- J'approuve (totalement).
- Je suis de votre avis.
- C'est aussi mon avis.
- Vous avez (tout à fait) raison.
◆ Nous sommes en tous points d'accord.
◆ Je ne peux que vous approuver.
◆ Nous partageons le même point de vue.
◆ Nous avons la même approche.
◆ Il en va de même pour moi.
◆ Il en va de même en ce qui me concerne.
◆ Nous sommes favorables à vos propositions.

accord faible, avec réserves

Oui...
- sans doute.
- c'est (bien) possible.
- pourquoi pas ?
- peut-être bien.
- si vous voulez.
- je suis presque du même avis.
◆ Je suis à peu de choses près d'accord.
◆ Je suis partiellement d'accord.
◆ J'ai quelques réserves à faire.
◆ Je souscris en partie à ce qui a été proposé.
◆ J'ai une vision un peu différente.

1

faire le rapport d'une approbation
- *M. Dinan* a accepté/approuvé la proposition.
✦ Il a accepté les termes de l'accord.
✦ Il s'est rallié aux termes de l'accord.

ACCUEILLIR

à la réception
- Bonjour, Madame/Monsieur. Que puis-je faire pour vous ?
- Je peux vous renseigner ?
- Je peux vous aider ?
- Je peux vous être utile ?
- Je peux vous rendre service ?

- Vous êtes Madame/Monsieur... ?
- Pouvez-vous me donner votre nom, s'il vous plaît ?
- Pouvez-vous me rappeler votre nom, s'il vous plaît ?
- Pouvez-vous patienter un instant, s'il vous plaît ?
- Veuillez me suivre, je vais vous montrer le chemin.

- Je regrette, il est déjà parti.
- Je suis vraiment désolé(e).

dans le bureau
- Entrez, je vous prie.
- Asseyez-vous, je vous prie.
✦ Donnez-vous la peine d'entrer.

sur un stand, dans une foire
- Bonjour, est-ce que je peux vous renseigner sur notre société/nos produits/nos activités ?
- Voulez-vous une tasse de café, une boisson rafraîchissante pendant que je vous présente notre produit ?
- Êtes-vous intéressé(e) par une démonstration/brochure ?

à l'aéroport, à la gare

- Excusez-moi, vous êtes Madame/*Monsieur Martin* ?
- Je suis *Jean Ferré* de *la SNCP*, je suis venu vous chercher/accueillir.
- Bienvenue à *Bruxelles* !
- J'espère que votre séjour sera agréable.
- Voulez-vous me suivre ?
- Vous voulez prendre/boire quelque chose avant d'aller à l'hôtel ?

une personnalité en visite

- Au nom de *la Société Levier*, je suis très heureux(euse) de souhaiter la bienvenue à *M. Martin, Directeur de recherches à l'Institut de la Consommation.*
- Au nom du Ministère de la Commerce, j'ai l'honneur d'accueillir M. Martin...

un groupe de visiteurs dans l'entreprise/sur le lieu de travail

- Bonjour à tous et bienvenue à *la SNCP*/chez *Dupont S.A.*
- Nous vous souhaitons la bienvenue à *la SNCP*.
- Nous sommes très heureux de vous accueillir...
- Je suis, au nom de la direction de *la SNCP*, très heureux(euse) de vous accueillir...
- Voici ce que nous avons organisé pour votre visite.

des collègues, des amis (invités) chez soi
(à la porte, après les salutations :)
- Entrez, je vous prie !
- Entrez donc !
- Donnez-vous la peine d'entrer !
- Ça fait plaisir de vous voir !
- Bienvenue !
- Soyez le/la/les bienvenu/e/s !

- Donnez-moi votre manteau !
- Mettez-vous à l'aise !
- Entrez et asseyez-vous !

➤ DÎNER

3

AIDE

proposition d'aide
- Je peux vous aider ?
- Vous voulez que je vous aide ?
- Je peux vous être utile ?
- Je peux faire quelque chose pour vous ?
- Est-ce que je peux vous renseigner ?
▼ Vous voulez un coup de main ?

accepter la proposition
- Volontiers, je vous remercie.
- Avec plaisir, c'est très gentil.

décliner la proposition
- Non, merci, ça va...
- Non, merci, vous êtes aimable, mais ça va aller.

demande d'aide
- Pardon, est-ce que vous pourriez m'aider ?
- Pardon, est-ce que vous pourriez me rendre un (petit) service ?
- Pardon, est-ce que je peux/pourrais vous demander de m'aider à *descendre ma valise*...

demande d'information
- Excusez-moi de vous déranger mais je voudrais savoir...
- Est-ce que vous pourriez me dire...
- Est-ce que je peux vous demander...
- Excusez-moi, j'aurais besoin d'une information/d'un renseignement...
- Est-ce que vous pourriez me renseigner?

acceptation
- Mais, bien sûr, je vous en prie...
- À votre service...

regrets
- Excusez-moi, mais je ne peux pas vous aider...
- Je regrette, mais je ne peux pas vous renseigner...

AJOUTER

une idée, un argument
- Je voudrais ajouter une précision/un point/un commentaire : ...
- Il faut signaler, par ailleurs, que ...
- De plus, il ne faut pas oublier que ...
- En outre, il est bon de savoir que ...
- Et aussi, ...
- Sans oublier que ...

ALTERNATIVE

- Il y a plusieurs possibilités/solutions/choix : *prendre le TGV* ou *prendre l'avion.*
- Soit *vous prenez le TGV...* soit *vous prenez l'avion.*
- D'une part vous *avez le TGV,* d'autre part *l'avion.*
- Première possibilité *le TGV,* on peut aussi *prendre l'avion.*
- D'un côté vous pouvez *prendre le TGV* par ailleurs *il y a l'avion.*
- Il faut faire un choix: *le TGV, ou l'avion...*

ATTIRER L'ATTENTION

de l'interlocuteur
- Comprenez-moi bien, *les échanges internationaux vont s'intensifier.*
- Entendons-nous bien, ...
- Ce que je veux dire, c'est que ...
- Notez/remarquez que ...
- Tout cela pour (vous) dire que ...
- Je précise que ...
- Vous me suivez ?
- C'est assez clair ?

5

- Ici, j'attire votre attention sur le fait que ...
- Je voudrais mettre l'accent sur le fait que ...
- Je voudrais vous faire remarquer que ...
- Ce qu'il faut remarquer avant tout, c'est que ...
- Il est important de ne pas perdre de vue que ...

sur un point précis

- À propos/Au sujet des *échanges internationaux*...
- En ce qui concerne *les échanges internationaux*...
- Quant aux *échanges internationaux*...
- *Les échanges internationaux*, notamment/en particulier, *vont s'intensifier*...

AU REVOIR
DIRE AU REVOIR, PRENDRE CONGÉ

- Au revoir, Madame/Monsieur.
- Au revoir et au plaisir !
- Au plaisir de vous revoir !

après une première rencontre

- Au revoir, Madame Blanc, j'ai été ravi(e) de faire votre connaissance/vous connaître.
- Au revoir, Monsieur Lenoir, à bientôt j'espère !

à la suite d'une visite sur un lieu de travail

- (Alors) Au revoir, Monsieur, et (encore) tous nos remerciements pour votre accueil/cette visite ...
- Alors, au revoir ... et merci pour tout.

en réponse
Mais je vous en prie, c'est tout naturel. Nous espérons vous revoir bientôt.

pour s'excuser de partir
- Je regrette de vous quitter mais *j'ai un train/avion à prendre* ...
- Je vous prie de m'excuser mais je dois partir.
- Excusez-moi, il faut que je vous quitte**s**, mais *j'ai un rendez-vous* ...

quand on pense se revoir
- À tout de suite !
- À tout à l'heure !
- À bientôt !
- Alors, à la semaine prochaine !

en ajoutant un souhait
- Au revoir... (et) bonne journée/bon après-midi/bonne soirée !
- Bon week-end/bonne fin de semaine !
- Bon voyage !

➤ SALUTATIONS: POUR SE QUITTER

CARTE DE VISITE

- Je vais vous donner ma carte, vous avez toutes mes coordonnées dessus.
✦ Permettez-moi de vous laisser ma carte.

- Je vous remercie, voici la mienne.

donner ses coordonnées
- Je vous laisse mes coordonnées:
  adresse professionnelle/privée
  téléphone (bureau/domicile/portable)
  télécopie/fax
  mél/courrier électronique

CHANGER DE SUJET

- Je crois que nous avons tout dit, passons à autre chose ...
- Je pense que nous n'avons plus rien à ajouter sur ce point, passons au point suivant ...
- Je pense que la discussion n'avance pas, reprenons-la plus tard. Passons maintenant à ...
- ▼ Nous tournons en rond, passons à autre chose...

COMMENCER
ABORDER, POSER LE PROBLÈME

rappel du sujet
- Nous sommes ici pour discuter de *la formation* ...
- Notre réunion a pour objet *la formation* ...
- Le premier point à l'ordre du jour est ...
- Je voudrais que nous commencions⁵ par discuter de ...
- Commençons par le point concernant ...
- Abordons le problème/la question de *la formation* ...
- On commencera d'abord, si vous le voulez bien, par *la formation* ...

exposé du problème
- Mme Martin va nous donner quelques précisions/informations sur *la recherche* ...
- Mme Martin va nous faire un exposé sur *la recherche* ...
- ✦ Je demanderai à Mme Martin de bien vouloir nous présenter *la situation de la recherche* ...

➤ SITUATIONS: PRÉSENTER UN EXPOSÉ

COMPRENDRE

SE FAIRE COMPRENDRE

vous comprenez

- D'accord.
- Tout à fait.
- C'est clair.
- Oui, oui, je comprends/j'ai compris.
- Ça y est, je comprends.

vous comprenez mal ou vous ne comprenez pas

- Pardon ?
- Pardon, vous pouvez répéter, s'il vous plaît ?
- Excusez-moi, je ne comprends pas/je n'ai pas compris.
- Excusez-moi. Vous dites ?
- Vous pouvez parler plus lentement/moins vite, s'il vous plaît ?
- Je n'ai pas bien/tout compris. Vous pouvez répéter, s'il vous plaît ?
- Pardon, qu'est-ce que vous voulez dire ?
- Je ne suis pas sûr d'avoir tout compris.
- Je n'ai pas pu tout suivre.
- Je ne comprends pas ce mot : ...
- Qu'est-ce que ça veut dire ... ?

vous vous faites confirmer

- Vous avez bien dit que *la subvention a augmenté*.
- Si j'ai bien compris, (vous dites que) *la subvention a augmenté*.
- Vous pouvez me confirmer que *la subvention a augmenté*.

vérifier qu'on vous comprend

- D'accord ?
- C'est clair ?
- Ça va ? Vous comprenez ?
- Vous voyez ce que je veux dire ?

- Est-ce que je me fais bien comprendre ?
- Je ne sais pas si je me fais bien comprendre.
- Vous me suivez ?

vous cherchez un mot/une expression
- Comment on dit ...
- Vous comprenez ce que je veux dire ?
- ... Vous dites comme ça en français ?
- Je ne sais pas dire en français ...
- Comment on dit ... en français ?
- Comment peut-on traduire l'expression ... ?
- Je vais essayer d'expliquer ...

pour prononcer
- Comment vous prononcez ce mot ?
- Ça se prononce comment ?

COMPROMIS

en négociation
- Je comprends votre position. Nous pourrons arriver à un accord.
- Nous pouvons trouver une solution de compromis.

- Nous voudrions vous proposer un compromis : *Vous commandez notre nouveau système et nous formons gratuitement votre personnel.*
- Si vous acceptez de *commander un nouveau système,* nous *prenons en charge la formation de votre personnel.*
- Si vous êtes décidés à *commander un nouveau système,* nous sommes prêts à *prendre en charge la formation de votre personnel.*
- Puisque vous acceptez de commander un nouveau système, nous ferons le nécessaire pour *prendre en charge la formation de votre personnel.*
- Nous ne pouvons accepter de *prendre en charge la formation de votre personnel* que si vous *commandez un nouveau système.*

pour conclure
- À ces conditions, il nous paraît possible de *commander un nouveau système*.
- Maintenant, il semble parfaitement acceptable de...
- Nous avons pu/su trouver un compromis satisfaisant.

COMPTE-RENDU

faire le compte-rendu de débats
- M. Raymond ...
a déclaré que la négociation allait continuer.
a signalé la publication d'un rapport.
a affirmé/réaffirmé sa solidarité avec les ONG.
a assuré que le problème serait rapidement résolu.
a fait remarquer le retard.
a attiré l'attention sur l'absentéisme.
a souligné que la production était insuffisante.

- Mme Gérard ...
a soulevé la question des remplacements.
a mentionné le départ de 3 cadres.
est revenue sur la question des remplacements.

- Ils ont discuté/débattu des financements.
- Ils ont eu un échange de vues sur le projet "Villette".
- Mme Lantier a préconisé de choisir un consultant local.
- Mlle Devers a prétendu que ce n'était pas nécessaire.
- M. Mertens a laissé entendre qu'il n'était pas compétent.

- M. le Directeur général adjoint ...
a examiné les revendications.
a invité/incité les grévistes à reprendre le travail.
leur a recommandé de reprendre le travail.
a exigé que le travail reprenne **s** .

- Il a été décidé de reprendre le travail/que le travail reprendrait.

CONCÉDER
ADMETTRE

- J'admets que c'est cher, mais *c'est un produit de très bonne qualité.*
- Je reconnais (volontiers) que *c'est un produit cher mais ...*
- Je comprends que *ça vous paraisse[5] cher mais c'est de la haute qualité.*
- J'avoue que *c'est cher.* Ceci dit, *c'est un produit haut de gamme.*
- Effectivement/en effet *c'est cher,* mais *c'est un produit de très bonne qualité.*
+ Je vous concède que/accorde que c'est *cher mais ...*
+ Il est vrai que *c'est un peu cher.* Il faut cependant remarquer que *c'est ce qui se fait de mieux.*
+ Nous pouvons parfaitement admettre que *c'est cher ;* reste que *c'est ce qu'il y a de mieux sur le marché.*
+ Certes *c'est original,* cependant *c'est très cher.*

CONCLURE

terminer un exposé
- Pour terminer ...
- Pour conclure, je dirai que ...
- En conclusion ...
- Finalement ...
- Enfin ...
- (Donc) en somme ...
- Au fond ...
- En définitive ...

dernières phrases de l'exposé
- J'espère que ma présentation vous a montré ...
- Je vous remercie de votre attention.
- Je suis prêt à répondre à vos questions.

en fin de réunion
- Nous pouvons conclure que ...
- La séance est levée. Prochaine réunion *le 3 juin à 15 heures*.

à la fin d'une visite
- Voilà, notre visite s'achève ici ...
- J'espère qu'elle vous a donné satisfaction.
- Je suis à votre disposition pour répondre à vos questions.
- Nous vous remercions de votre présence.
- Nous espérons vous revoir.

CONDOLÉANCES

condoléances publiques
- Suite au décès de *M. Laurent*, je vous propose d'adresser en notre nom à tous/au nom de notre société, un message de sympathie et de condoléances à sa famille.
- Suite à *la catastrophe de Valbrune qui a fait 18 victimes*, nous adressons un message de sympathie et de condoléances aux familles et aux proches des victimes.

minute de silence
- Suite au décès de *M. Laurent*, je vous invite à observer une minute de silence à sa mémoire.
- Suite à *la catastrophe de Valbrune qui a fait 18 victimes*, je vous invite à observer une minute de silence à leur mémoire.

en privé
- Je vous présente mes sincères condoléances.
- Je vous présente toutes mes condoléances.
- Croyez à l'expression de toute ma/notre sympathie.
- J'ai été très touché(e) par la mort de votre père. Je partage votre peine.

CONFIRMER

un rendez-vous, un arrangement
- Je vous confirme notre rendez-vous du *14 octobre*.
- C'est donc entendu, rendez-vous *mardi à 11 heures*.
- Comme convenu, *je vous enverrai les brochures la semaine prochaine*.

un accord
- Nous confirmons l'accord ...
- Conformément à notre accord, *nous vous envoyons la première partie du matériel*.
- Conformément à ce qui avait été décidé ...

demande de confirmation
- Confirmez-moi dès que possible ... par fax (télécopie)/par courrier électronique.
- Est-ce que vous pouvez me confirmer que *nos places sont réservées* ?
- Pouvez-vous m'assurer que *nos places sont bien réservées* ?

dans une discussion
- Vous avez bien dit que *les places étaient réservées* ...
- Si j'ai bien compris, vous dites que *les places sont réservées*.
- Vous pouvez me confirmer que *les places sont réservées* ...

CORRIGER
RECTIFIER

se corriger soi-même
- Je veux/voulais dire ceci : *"Les échanges vont s'intensifier."*
- Ce que je voulais dire, c'est que *les échanges allaient s'intensifier.*
- J'aurais dû dire ...
- Pour éviter un malentendu, je dirai que ...
- Permettez-moi de reprendre, je voulais dire que ...
- Je m'explique : *les échanges vont s'intensifier et ...*

14

corriger une mauvaise interprétation
- Ce n'est pas ce que je voulais dire.
- Ne me faites pas dire ce que je n'ai pas dit.

corriger quelqu'un d'autre
- Il aurait dû dire...
- Vous voulez sans doute dire que...

mise au point
- Je tiens à faire une mise au point.
- Nous tenons à apporter les informations/les précisions suivantes : ...
+ Permettez-moi de rétablir la réalité des faits/la vérité.

DÉCLARER

- Les négociateurs ont déclaré qu'*un accord vient d'être signé*.
- *La Société F.R.V.* vous informe/porte à votre connaissance que ...
- Je vous annonce/fais savoir/signale/précise/indique que *la réunion aura lieu à 14 heures*.
- J'affirme/J'atteste que *tous nos produits sont contrôlés*.
- Je confirme que *les tests étaient positifs*.

DÉMENTIR

- On a laissé entendre/affirmé que *nos produits étaient toxiques*. Je dois démentir; au contraire ...
- Il n'est pas exact que *nos produits soient*[s] *toxiques*.
- Contrairement à ce qui a été dit/annoncé, *concernant nos produits*, je précise qu'*ils ne sont pas toxiques* ...
- Il semble qu'il y ait[s] eu une mauvaise interprétation.
+ Permettez-moi de rétablir la réalité des faits/la vérité.
+ Nous nous inscrivons en faux contre les informations sur *la toxicité de nos produits*.

DÉSACCORD

désaccord net

- Je ne suis pas d'accord.
- Je ne suis pas du tout d'accord.
- Je ne suis (absolument) pas de votre avis.
- Je suis contre cette proposition.
- Je suis tout à fait contre cette proposition.
- Je désapprouve (totalement) ce que vous venez de dire.
- Nous sommes tout à fait opposés à ce projet.

✦ Permettez-moi d'exprimer mon désaccord/ma désapprobation/
mon opposition en ce qui concerne ce projet.

désaccord faible/nuancé

- Je ne suis pas tout à fait/vraiment/tellement d'accord.
- Je vois les choses autrement/différemment.
- J'ai des/quelques réserves à faire.
- Je ne suis pas (tout à fait) convaincu(e).
- Je ne partage pas votre avis.

✦ Permettez-moi de ne pas partager (totalement) votre avis.
✦ J'ai une approche différente de la vôtre.

faire le rapport d'un désaccord

- *M. Dinan* a désapprouvé/n'a pas accepté votre proposition.
✦ Il a refusé/n'a pas accepté les termes de l'accord.

DÉTROMPER
CONTREDIRE

- Ce serait une erreur de penser/croire que *la situation s'améliorera*.
- Il n'est pas vrai que *la situation s'améliorera*.
- Ne pensez pas que *la situation s'améliorera* ; en fait *elle se dégradera*.
- Contrairement à ce que vous pensez/croyez, *ce n'est pas une amélioration*.

- En fait/en réalité, c'est le contraire.
✦ Il n'est pas raisonnable de penser/dire/faire croire/affirmer que ...

DIGRESSION

- Au fait, ça me fait penser que ...
- À propos, ça me rappelle que ...
- Signalons à ce sujet que ...
- Notons au passage que ...
- Notons d'ailleurs ...
- Une parenthèse, si vous le permettez, ...
- Je sors du sujet mais ...
- Je m'écarte du sujet/du débat ...
- Ce que je vais dire ne se rapporte pas (tout à fait) au thème de notre discussion ...

fausse digression
- Ce que je vais dire semble s'écarter du sujet, mais...

revenir au sujet
- Je reviens à notre sujet ...
- Ceci dit, voyons maintenant ...
✦ Pour en revenir à notre propos, je disais donc que...

rappeler quelqu'un à l'ordre
- Revenons à notre sujet.
- Ne nous écartons pas du sujet!
- Je suis désolé, mais nous nous écartons du sujet.
- Merci de votre remarque c'est intéressant/sympatique, mais je propose que nous revenions' à notre sujet.
- Je regrette de vous interrompre mais ce n'est pas à l'ordre du jour.

DOUTER

EXPRIMER LE DOUTE

manifester un étonnement, un doute

- C'est vrai ?
- C'est possible ?
- Ça m'étonne !
- Ça m'étonnerait !
- J'en doute !
- Ça me paraît difficile à croire.
- Croyez-vous vraiment que ... ?
- Je n'y crois pas tellement.
- Vous en êtes sûr ?
- Vous ne faites pas erreur ?
- Vous ne vous trompez pas ?
- Je suis sceptique.

exprimer des doutes

- Je doute que *cette négociation réussisse*[s].
- Je doute de *la réussite de cette négociation.*
- Je ne suis pas si sûr(e) que *nous puissions*[s] *atteindre cet objectif.*
- J'ai des doutes au sujet de *la réussite de cette négociation.*
- J'ai des doutes quant à *la réussite de ce projet.*
- *Cette négociation peut réussir ?* Vraiment ?
- J'ai bien peur/Je crains que *ce voyage ne se fasse*[s] *pas.*
- Il serait surprenant qu'*ils se mettent*[s] *d'accord.*
- Je ne suis pas tout à fait convaincu de *l'intérêt de ce projet.*

➤ HÉSITER

ÉVITER

ÉVITER DE RÉPONDRE, ESQUIVER

gagner du temps
- C'est une question importante/une très bonne question, je suis content(e) que vous me l'ayez[s] posée.
- C'est une question que je me pose aussi ...
- Vous venez de soulever un point important (et je vous en remercie).

remettre à plus tard
- Je pense qu'il vaudrait mieux aborder/traiter ce sujet plus tard.
- Il vaudrait mieux remettre ce point ultérieurement.
- Je pense qu'il y a des questions plus urgentes/importantes à aborder (en priorité).
- Il vaut mieux se donner un peu plus de temps.
- Je crois qu'il vaudrait mieux attendre d'avoir plus d'informations sur ce sujet.
- Nous ne sommes pas en mesure maintenant de vous donner une réponse ...
+ Je crois qu'il vaut mieux différer la discussion de ce point.

présenter le problème comme déjà traité
- Je ne crois pas utile de revenir sur ce problème.
- Nous n'allons pas revenir sur ce sujet ...

EXCUSES

à la suite d'un retard
- Excusez-moi pour le retard.
- Excusez-moi d'arriver en retard.
+ Je regrette d'être en retard, veuillez m'excuser/je vous prie de m'excuser.
- Vous m'excuserez pour ma tenue ; mon avion était en retard et j'arrive directement de l'aéroport ...

au nom d'une firme à la suite d'une erreur

- Toutes nos excuses.
- Nous vous prions de nous excuser.
- Vous voudrez bien nous excuser de cet incident.
- Veuillez accepter toutes nos excuses.
- Je vous prie d'accepter mes excuses de la part de la société.

- Je regrette de ne pas pouvoir vous aider/de ne pouvoir rien faire pour vous.
- Je suis désolé(e) mais ce n'est pas de notre faute.
- Je regrette sincèrement mais nous ne sommes pas responsables.

dans une réunion à la suite de tensions

- C'est un malentendu. Je regrette que mes propos aient prêté ˢ à confusion, je voulais dire que ...
- Je suis navré(e) de ce malentendu.
- Je vous prie de m'excuser pour cet incident.

faire excuser une autre personnne

M. Lenoir a été peut-être trop vif/véhément/direct, c'est son caractère...
- Veuillez l'en excuser.
- Vous êtes en droit d'attendre des excuses.

FÉLICITER

une personne, une équipe

- Sincères félicitations !
- Nous sommes heureux de vous féliciter pour *ce prix* ...
- Permettez-moi de vous féliciter d'avoir mené à bien ce projet.
- Au nom de tous, je vous présente toutes mes félicitations pour *cette magnifique exposition.*
✦ Nous vous rendons hommage pour *toutes ces années de travail* ...

félicitations à la fin d'un travail, d'une négociation

- Je crois que nous pouvons nous féliciter de la signature de cet accord.
✦ On ne peut que se féliciter de l'issue de cette négociation.

HÉSITER

- J'hésite entre les deux solutions.
- Je suis hésitant(e) ...
- J'ai (encore) quelques hésitations.
- Je ne suis pas tout à fait convaincu(e).
- Je suis perplexe.
- Je ne sais que dire/répondre...
- Ce n'est pas facile de prendre une décision.

- J'ai pris note de vos arguments mais je reste sceptique.
- J'hésite à approuver vos objectifs/propositions.
- Je ne peux m'empêcher de penser qu'il y a un autre moyen de résoudre ce problème.
- Qu'est-ce qui nous garantit que c'est un bon projet ?
- Comment nous pouvons être sûrs que ...
✦ Je voudrais émettre une réserve.
✦ Je me permets d'émettre une réserve.

➤ DOUTER

HYPOTHÈSE

introduire une hypothèse
- Admettons que *le contrat soit*[s] *signé, nous pourrions commencer très vite.*
- Supposons/supposez que *le contrat ne soit*[s] *pas signé, ...*
- À supposer que *le contrat soit*[s] *signé, ...*
- Dans l'hypothèse où *la subvention serait insuffisante, il faudrait un financement complémentaire.*
- Dans le cas où *la subvention serait insuffisante, ...*
- Si *le financement n'était pas accepté ?*

INVITATION

inviter à un dîner, une réception
- Vous êtes libre mercredi soir pour dîner ?
- Vous voulez/pouvez venir dîner au restaurant ce soir ? Nous vous invitons.
- Cela nous ferait plaisir de vous avoir à dîner ...
- Vous pouvez passer prendre l'apéritif ce soir ?
- Vous déjeunerez/dînerez bien avec nous?
- Nous serions heureux de vous recevoir à la maison pour dîner...
- ✦ Nous donnons une soirée ; vous pouvez être des nôtres ?
- ✦ Nous organisons une réception ; nous pouvons compter sur vous ?

accepter
- Merci beaucoup. Avec plaisir!
- Volontiers. Avec plaisir.
- C'est très gentil/sympathique (de votre part).
- Merci, c'est très aimable. Nous acceptons avec plaisir.
- Volontiers, nous nous ferons un plaisir de venir.

ne pas donner de réponse immédiate
- Merci, mais je ne sais pas si je suis libre. Je vais voir.
- Je dois vérifier si c'est possible.
- En principe ça va mais je dois vérifier... Je confirmerai.
- Ça me paraît difficile mais j'essaye de me libérer.

refuser
- Je regrette mais je suis pris(e).
- Je suis (vraiment) désolé(e) mais je ne suis pas libre.
- Désolé(e), je ne pourrai pas venir.
- Ça serait avec plaisir, mais ...
- Ça aurait été avec plaisir, mais je ne pourrai pas y aller.
- C'est très gentil mais je suis occupé(e).
- Merci mais je ne peux vraiment pas ...

refuser après avoir accepté

- Je suis tout à fait désolé(e) mais je ne pourrai pas venir ; j'ai un empêchement de dernière minute.
- Je regrette beaucoup mais je suis retenu(e) à mon travail.

en réponse au refus

- C'est dommage ; ce sera pour une prochaine fois.
- Dommage que vous ne puissiez**s** pas venir !
- Tant pis, nous trouverons une autre occasion.

invitation professionnelle sur une foire

- Passez-nous voir sur notre stand !
- Vous êtes le/la bienvenu(e) sur notre stand/dans nos bureaux !

MALENTENDU

apaiser, dissiper un malentendu

- Je crois que je n'ai pas été assez clair(e)/précis(e) concernant ...
- Il me paraît nécessaire d'éclaircir ce point.
- Laissez-moi vous expliquer.
- Je me suis mal expliqué/exprimé ; en fait, je veux dire que ...
- Je me suis mal fait comprendre.
- Nous ne nous sommes pas bien compris.
- Vous m'avez mal compris, ce n'est pas ce que j'ai voulu dire.
- C'est un malentendu ; j'ai voulu dire que ...
- Il y a certainement un malentendu.
- N'en parlons plus, il s'agit d'un malentendu.

pour reprendre la discussion

- Ne restons pas sur un échec.
- Il reste des possibilités de régler cette question.
- Revoyons le problème avec plus de calme.
- Revoyons le problème avec le désir d'aboutir.

s'il y a eu incident (agressivité)

- Gardons notre calme.
- Oublions cet incident (pénible).
- Notre collègue a été trop véhément.
- Vous avez droit à des excuses.

METTRE EN GARDE

- Attention!
- Soyez prudent(e) !
- Faites (bien) attention à *la fermeture de la porte.*
- Attention aux *risques de chute* !
- Méfiez-vous des *picpockets* !
- Il y a un risque de *verglas sur la route.*
- Je vous signale que *les bus sont en grève.*
- Prenez garde aux *coups de soleil* !
◆ Permettez-moi de vous mettre en garde contre *les risques de panne de cette machine.*

MINIMISER

un fait

- Il ne faut pas/rien exagérer.
- Il ne faut pas généraliser.
- Ce n'est pas significatif ...
- Considérons cette question à sa juste valeur.
- Cela reste marginal/exceptionnel/isolé.

l'importance d'un problème

- Il ne faut pas attacher trop d'importance à ce point.
- Ne surestimons pas l'importance de ce point.
- Concentrons-nous sur des questions prioritaires/plus importantes.

la valeur d'un argumemt
- Ce que vous dites ne manque pas d'intérêt mais *n'apporte pas de solution au problème.*

la valeur d'un rapport
- Malgré des lacunes/imprécisions, ce rapport *est une base de discussion convenable.*

NUANCER

présenter son opinion de façon nuancée
- Ne simplifions pas.
- Ce n'est pas aussi simple.
- Tout est relatif.
- J'ai le sentiment que ...
- Il me semble que ...
- Il ne me semble pas que ce soit**⁵** ...
- Je crois, pour ma part, que ...
- Moi, je croirais/penserais/dirais plutôt que ...
- Je ne dis pas que ...
- Il me semblerait plutôt que ...
- À ce qu'il me semble ...
- Vous ne pensez pas plutôt que ... ?

OBLIGATION

subir une obligation
- Je dois (impérativement) *repartir ce soir.*
- Je suis (absolument) obligé(e) de ...
- Nous sommes forcé(e)s/contraint(e)s de ...
- Nous sommes dans l'obligation de ...
- Nous nous trouvons dans l'obligation de ...

exprimer une obligation
- Il faut respecter *les mesures de sécurité*.
- Il faut que *vous portiez*[s] un badge.
- Il est obligatoire de *porter un casque*.
- *Le port du casque* est obligatoire.
- Il est indispensable que[s] /de ...
- Il est interdit de *fumer*.
- S'il vous plaît, *ne fumez pas* !
- S'il vous plaît, respectez l'interdiction de *fumer* !

ordonner
- Je vous demanderai de *respecter les consignes de sécurité*.
- Le règlement exige que vous portiez[s] un casque.
- Vous êtes prié(e)[s] de ...
- Prière de ...
- Vous devez ...
◆ Je vous demanderai de bien vouloir *respecter les consignes de sécurité*.

rappel à l'ordre
- Vous ne pourriez pas *mettre votre casque* ?
- Vous voudriez bien ...

OPINION

DEMANDER UNE OPINION
- Quel est votre avis/opinion sur *ce nouveau projet* ?
- Est-ce que vous pensez/estimez/croyez/trouvez que c'est *intéressant* ?
- Qu'est-ce que vous pensez de ... ?
- Qu'est-ce que vous en pensez ?
- Comment trouvez-vous ... ?
- Qu'est-ce que vous dites de *cette présentation* ?
- Pouvez-vous nous donner votre point de vue sur ... ?
- Pouvez-vous expliquer pourquoi *vous n'êtes pas d'accord* ?

en réunion

- Nous allons faire un tour de table ; chacun pourra donner son avis/
exprimer son opinion.
- *Monsieur Lelong*, que pensez-vous de cet exposé/de cette analyse/
de ce projet?
- J'aimerais connaître/avoir votre avis sur cet accord.

solliciter une remarque, un avis

- Tout le monde est d'accord ?
- Qui a une remarque à faire ?
- Est-ce que quelqu'un veut ajouter quelque chose ?
- Est-ce que quelqu'un souhaite donner son avis/opinion ?
- Est-ce que quelqu'un souhaite intervenir ?
- Y a-t-il un avis contraire ?
- Y a-t-il des questions complémentaires ?
- Avez-vous des objections ?

DONNER SON OPINION

- À mon avis, ce projet est bon.
- D'après moi, ...
- Selon moi, ...
- En ce qui me concerne ...
- Personnellement, ...
- Pour ma part, ...
- Quant à moi, ...
- À mon sens, ...

- Je pense que *ce rapport n'est pas objectif.*
- Je ne pense pas que *ce rapport soit[5] objectif.*
- Je crois que *cette étude est complète.*
- Je suis d'avis que ...
- J'estime que ...
- Je trouve que ...
- J'ai l'impression/le sentiment que ...
- Je suis sûr(e)/certain(e)/persuadé(e)/convaincu(e) que ...

27

- J'ai la certitude que ...
- Mon avis/opinion/point de vue/idée/sentiment, c'est que ...
- Je dirais que ...

d'une manière impersonnelle
- Il me semble que *le financement est insuffisant.*
- Il ne me semble pas que *le financement soit* [5] *suffisant.*
- Il me paraît clair/évident/assuré/certain que ...
- Il est évident que ...

en prenant des précautions
- Sauf erreur de ma part, *le financement est public.*
- Si je ne me trompe pas ...
- Si mes informations sont bonnes ...
- Si j'en crois les informations dont je dispose ...
- Autant que je puisse en juger ...
- Je pense que, mais corrigez-moi si je me trompe, ...
- Je me demande si cette étude est complète.
- Je ne sais pas si ...

OPPOSITION

exprimer son opposition
- Non.
- Pas question !
- Certainement pas !
- Absolument pas !
- Je suis contre (*ce projet*).
- Je m'oppose à ce projet.
◆ Je veux exprimer/manifester mon opposition à *ce projet.*
- Je ne peux/veux pas soutenir *ce projet.*
- Il ne nous est pas possible d'accepter *cette proposition.*
- Il n'est pas question d'accepter *cette proposition.*
◆ Il ne saurait être question d'accepter *cette proposition.*
- Je me demande si cette étude est complète.
- Je ne sais pas si ...

PAROLE

DEMANDER LA PAROLE

en réunion formelle
après l'intervention, sur invitation du président
- Si vous permettez, je voudrais dire que ...
- Je voudrais faire un commentaire/une remarque.
- Je voudrais ajouter quelque chose.
- J'aurais une question à poser/un commentaire à faire.
- Je pourrais demander des précisions/poser une question/répondre ?
- Je voudrais démentir ce qui vient d'être dit ...
- Je voudrais juste faire remarquer que ...
- Une remarque (rapide) seulement ...

pendant l'intervention
- Pardon, vous permettez ...
- Je voudrais dire/répondre ...
- (Juste) un mot ...
- Une ((toute)petite) remarque ...
- Une remarque seulement ...

insister pour obtenir la parole
- Serait-il possible d'intervenir, (s'il vous plaît) ?
- Je voudrais (bien) pouvoir intervenir/répondre ...
- Est-il possible d'intervenir ?
- Je peux dire quelque chose ?

DONNER, DISTRIBUER LA PAROLE

solliciter les interventions
- Quelqu'un souhaite intervenir ?
- Y a-t-il quelque chose à ajouter/un commentaire à faire ?
- Qui a des remarques/objections à faire ?
- Qui veut intervenir avant le point suivant à l'ordre du jour ?
- Pas de questions/d'autres questions/d'objections ?
- Rien à ajouter ?

29

donner la parole en introduisant l'intervenant
- M. Royer va nous exposer le problème.
- Mme Martin va nous donner quelques précisions/informations sur la situation.
✦ Je demanderai à M. Delbarre de bien vouloir nous présenter son projet.
✦ M. Charlet, pourriez-vous nous faire le bilan de la situation.
- ... et ensuite chacun pourra donner son avis.
- ... et ensuite nous ferons un tour de table.

distribuer les tours de parole
- La parole est à Mme Gasnay.
- Je passe maintenant la parole à M. Lelong *qui va faire le point sur l'avancement du projet.*
- À vous M. Lelong.
- Mme Landini a demandé la parole. Je vous en prie, Madame ...
- D'abord Mme Landini, ensuite M. Sandoz et puis Mme Vatou.
- Ne parlez pas tous en même temps; d'abord Mlle Béchir.
- S'il vous plaît! Laissez parler/continuer/finir M. Sandoz.

faire réagir sur une intervention
- Mme Vatou, que pensez-vous de cela?
- M. Ferré, j'aimerais connaître votre avis sur ce point.
- Je pense que M. Royer a quelque chose à ajouter.
- Et vous, Madame/Monsieur ?
- Vous n'avez pas l'air d'accord, Dominique ?
- Vous avez le même point de vue/la même approche, Mme Morais ?
- Je pense que c'est un rapport très complet ; vous êtes d'accord ?
- Je ne suis pas convaincu par cette analyse. Et vous ... ?
- J'aimerais savoir si vous partagez mon avis.

➤ OPINION: DEMANDER UNE OPINION

limiter le temps de parole
- Je vous serais reconnaissant de bien vouloir vous limiter à de courtes interventions.
- Je vous demanderais d'intervenir brièvement/d'être bref.
- Je vous demanderais de limiter vos interventions à 3 minutes.
- Désolé(e) de vous interrompre, vous avez dépassé votre temps de parole.
- Concluez,..., c'est maintenant à Mme Martinez .

faire respecter le tour de parole
- N'interrompez pas, s'il vous plaît ...
- Laissez-moi finir, je vous prie ...
- M. Braz finit/conclut, et je vous passe la parole ...
- Désolé(e), M. Tahar avait demandé la parole.

PRENDRE LA PAROLE

remerciements
- Tout d'abord, je voudrais vous remercier de me donner la parole.
- J'aimerais dire tout d'abord que je suis très heureux de pouvoir participer à cette réunion.
- J'aimerais profiter de l'occasion qui m'est offerte pour dire ...

GARDER LA PAROLE

insister pour continuer
- S'il vous plaît, je peux terminer ?
- Vous permettez que je finisse[5]?
- Je n'ai pas terminé. Je disais que ...
- Ne m'interrompez pas, s'il vous plaît.
- Mais laissez-moi parler/finir/terminer !
- Ne me coupez pas (continuellement) !
- Mais enfin, il est possible de parler/finir ?

pour finir d'exposer

- Un instant, s'il vous plaît, je termine.
- Encore quelque mots et j'en aurai fini.
- Je conclus rapidement en disant que ...
- Laissez-moi finir et je vous laisse la parole ...
- Si vous permettez, je termine et je vous laisse intervenir.
- Je conclus et je réponds à vos questions/remarques.

PERMISSION

demander la permission

- Excusez-moi, est-ce que je pourrais ...
- Pardon, ça ne vous dérange pas si ...
- J'aimerais pouvoir ...
- Pardon, pourriez-vous *me prêter votre stylo* ?
- Pardon, vous me permettez d'*utiliser votre calculette* ?

accorder la permission

- Mais, je vous en prie.
- Certainement, faites donc !

refuser la permission

- Je regrette, mais ...
- Je suis vraiment désolé(e), mais ...

PERSUADER

- Croyez-moi, c'est un bon projet.
- Je vous assure, ...
- Soyez en persuadé(e), ...
- Par expérience, je peux vous assurer que ...
- J'ai fait le tour de la question, soyez convaincu(e) que ...

- Soyez persuadé(e)/certain(e)/assuré(e) que ...
- Ayant une certaine expérience de ces questions, cela me permet de dire/affirmer que ...
- Nous avons tout à gagner de *ce type de coopération.*

PRÉCISER

demande de précision
- Vous pourriez préciser ?
- Qu'est-ce que vous voulez dire ?
- Qu'est-ce que vous entendez par ... ?
- Vous pourriez préciser ce que vous entendez par ... ?
- Pardonnez-moi, mais je ne suis pas sûr(e) d'avoir bien compris. Pourriez-vous expliquer *les conditions de paiement* ?
- Si j'ai bien compris, vous pensez que ...
- Je souhaiterais quelques précisions/informations supplémentaires sur *la clause n° 7 du contrat.*
- En ce qui concerne *la clause n° 7,* pourriez-vous m'expliquer/me préciser ...
- Une question, si vous permettez.
- Juste une question au sujet de *la durée du contrat.*

réponse à une demande de précision
- Je voulais dire que ...
- Ce que j'entends par *"rapidement",* c'est *"moins d'une semaine".*
- Pour moi, *"dans les meilleurs délais"* veut dire/signifie *"avant la fin de ce mois".*
◆ Permettez-moi de vous expliquer ...
◆ Permettez-moi de reprendre ce que je disais ...
- Pour être plus précis/clair, ce que j'ai voulu dire c'est que ...
- Plus précisément/exactement/clairement, ...
- Au risque de me répéter/d'être redondant, ...

préciser un détail, illustrer un point

- ..., c'est à dire ...
- ..., ce qui veut dire ...
- ..., ce qui signifie ...
- ..., autrement dit ...
- ..., en d'autres termes ...
- ..., ce qui revient à dire que ...
- ..., soit ...

introduire une explication

- Je m'explique : ...
- Précisons (que) ...
- Je voudrais préciser que ...
- Je tiens à préciser/rappeler que ...
- Je tiens à insister sur ...

PRÉSENTER QQN À QQN

présenter des relations de travail

- *Dominique*, je vous présente *Claude Vinci de l'Institut TBA de Montréal*. – Voici *Dominique Chotard*, il/elle est *chercheur au CRRS*.
- Est-ce que je peux vous présenter *les autres membres de la délégation* ?
- Excusez-moi, *Pierre-Marie, ma collègue Annie* voudrait faire votre connaissance. Est-ce que je peux faire les présentations?

présenter (à) un supérieur :

✦ *Monsieur Walter*, permettez-moi de vous présenter *Patrick Eliet, notre représentant en Irlande*. – *Monsieur Walter, notre Président Directeur Général*.

introduire la présentation

- Est-ce que vous connaissez *François, mon collègue* ?
- Vous ne connaissez pas *François, je crois* ?
- Je ne crois pas que vous vous connaissiez **^s** ...
- Est-ce que vous vous connaissez (déjà) ?

- On vous a présentés ?
- On ne vous a pas présentés, je crois ?
- Je voudrais vous présenter ...
- Est-ce que je peux vous présenter à ... ?

en réponse
- Enchanté(e).
- Ravi(e) de vous rencontrer.
- Je suis heureux(euse) de faire votre connaissance/vous rencontrer.

SE PRÉSENTER

à une autre personne
- Permettez-moi de me présenter : je suis/je m'appelle *Éric Quinault*, je suis *responsable régional pour la société Laignel*.

prise de contact
- Pardon, personne n'a fait les présentations: je suis *Anne Mauriac* ...
- Je ne crois/pense pas que nous nous connaissions [S]. Permettez-moi de me présenter ...
- Vous êtes *M. Knob, des Éditions du Soleil*. Nous nous sommes rencontrés à *la foire de Francfort*. Je suis ...
- Je crois que nous nous sommes parlé au téléphone; permettez-moi de me présenter ...

en réponse
- Enchanté(e)/ravi(e) de faire votre connaissance.
- Je suis heureux(euse) de faire votre connaissance.
Je m'appelle/Je suis ...

- Excusez-moi, mais je n'ai pas bien entendu votre nom ...
- Vous pourriez me répéter votre nom ? Je n'ai pas tout à fait compris/saisi.
- Voici ma carte.

3 5

à la réception
- Bonjour, je suis *Loïc Dufreigne, responsable de la communication de Nantes-Tourisme.*

au téléphone
- Allô, (c'est) *Bernard Berger d'Air-Bourgogne* à l'appareil.

au début d'un exposé
- Permettez-moi tout d'abord de me présenter. Je m'appelle *Philippe Delpech, je suis chef de projet à MTC* ...

➤ PRÉSENTER QQN À QQN

PROBABILITÉ
DEGRÉS DE PROBABILITÉ

certain
- C'est certain/sûr/clair ; *il y aura un accord.*
- Je suis sûr(e)/certain(e)/persuadé(e)/convaincu(e) qu'*il y aura un accord.*
- Il est évident/hors de doute/incontestable/indéniable que ...
- Il ne fait aucun doute que ...
- Il va de soi que ...
- Il va sans dire que ...
- De toute évidence ...
- J'ai la conviction que ...

probable
- Il y aura, sans doute, *un accord.*
- Il semble (bien) qu'*il y aura un accord.*
- Il y a des chances pour qu'*il y ait*^s *un accord.*
- Il est probable *qu'il y ait*^s un accord.

possible
- Il est possible/se peut/se pourrait (bien) *qu'il y ait*^s *un accord.*
- Il n'est pas impossible qu'*il y ait*^s *un accord.*
- On peut prévoir/penser/estimer qu'*il y aura un accord.*

improbable[s]
- Il est (bien) improbable/peu probable qu'*il y ait*[s] *un accord.*
- Il y a peu de chances pour que ...
- Il serait (bien) étonnant que ...
- Je doute fort que ...
- Ça m'étonnerait que ...

impossible[s]
- Il est impossible qu'*il y ait*[s] *un accord.*
- Il me paraît impossible que ...
- Il n'y a aucune de chance pour que ...
- Il est tout à fait hors de question que ...
- Il est exclu que ...
- J'exclus que ...

PROJET

s'informer
- Quelles sont vos intentions concernant *la recherche technologique* ?
- Qu'est-ce que vous envisagez dans le domaine de ... ?
- Qu'est ce que vous comptez faire pour *développer* ... ?
- Quels sont vos projets à long terme/court terme/moyen terme pour ... ?

informer / en réponse
- Nous avons l'intention de *développer les échanges.*
- J'envisage de ...
- Nous souhaitons/voudrions ...
- Nous prévoyons de ...
- Nous avons pour objectif de ...
- Il est (fortement) question que *nous développions*[s] *les échanges.*

PROPOSER
SUGGÉRER

annoncer une proposition
- Puis-je faire une proposition/suggestion ?
- Permettez-moi de vous suggérer *un plan* ...
- J'ai une proposition/suggestion à vous soumettre.
- Si je peux me permettre une proposition ...

exposer une proposition
- Je vous propose/suggère de *le recontacter.*
- Je propose/suggère que *vous le recontactiez*[S].
- Et si *nous le recontactions* ?
- Avez-vous pensé à *le recontacter* ?
- Pourquoi ne pas *le recontacter* ?
- *Le recontacter*, qu'est-ce que vous en dites/pensez?
- Laissez-moi vous proposer de ...
- Je vous proposerais bien de ...
- Seriez-vous d'accord pour ...
- Nous pourrions ...
- Peut-être serait-il bon de ...
◆ Est-ce qu'il ne conviendrait pas de ...

sous forme de conseil, recommandation
- Je vous conseille/conseillerais de *prendre le TGV.*
- Si j'étais à votre place, *je prendrais l'avion.*
- Je pense que vous feriez mieux de *prendre un taxi.*
- Si je peux vous donner mon avis : *prenez le TGV.*
- (À mon avis) Il vaut mieux *prendre le bus.*
◆ Si vous me permettez un conseil : *prenez le RER.*

PROTESTER

exprimer une protestation
- Je proteste.
- Je tiens à protester (énergiquement) contre ...
- Je m'élève contre *cette proposition*.
- Nous sommes obligés/contraints de refuser *ce contrat*.
- Nous ne pouvons (pas) nous associer *à ce projet*.
- Il est tout à fait regrettable que *vous n'ayez pas prévenu de ce retard*.

protestation modérée, en relativisant
- Je regrette mais ...
- Je déplore que.../Je trouve déplorable que...
- Ce n'est pas ce que j'ai dit.
- Il n'a pas été question de cela.
- Vous interprétez.

forte désapprobation
- Cela ne va pas du tout.
- Je trouve cela inacceptable !
- Il me semble inacceptable que vous n'ayez **s** pas prévenu.
- Je trouve grave/inadmissible ...
- Je ne trouve pas normal que ...
- Il est scandaleux que ...
- Ce n'est pas sérieux !
- C'est un scandale !
◆ Je ne suis pas du tout satisfait(e).
◆ Je tiens à exprimer mon mécontentement/désaccord/ma désapprobation.
◆ Je suis obligé(e)/dans l'obligation/contraint(e) d'exprimer mon désaccord (profond).

protester contre un argument, avec force
- (Mais) Certainement/Absolument pas ...
- Bien au contraire ...
- Ce n'est pas vrai.
- Jamais de la vie ...
- Ne me faites pas dire ce que je n'ai pas dit.
- Nous n'avons jamais dit que ...
- Vous déformez.
- Vous allez trop loin.
- Il n'a jamais été question de ...
- Tout cela ne repose sur rien !

partager le mécontentement de qqn d'autre
- Je comprends le mécontentement/la déception/les regrets de
M. Hoche et je le/la/les partage.

RASSURER

- Ne vous inquiétez pas.
- Rassurez-vous.
- N'ayez aucune crainte.
- Il n'y a/aura pas de problèmes.
- Soyez sans crainte, ça va réussir.
- Il n'y a rien à craindre !
- Vous ne devez pas vous inquiéter.
- Il ne faut pas avoir d'inquiétude à ce sujet.
- Faites-moi confiance.
- Vous pouvez nous faire confiance.
- Vous allez voir... Ça va marcher ...
- Ça ira./Ça va aller.
◆ Permettez-moi de vous rassurer à ce sujet.
▼ Ne vous en faites pas.
▼ Pas de problème.

rassurer en assurant

- Je vous assure que ...
- Je vous promets que ...
- Soyez sûr que ...
- Soyez assuré que ...
- Je peux vous assurer que ...
- Vous pouvez être sûr que ...
- Je m'engage personnellement à ce que...

RÉCLAMATION

faire une réclamation

- Il y a un (petit) problème au sujet des *réservations*.
- J'aurais une réclamation à faire au sujet de ...
- J'aimerais des explications au sujet de ...
- Je ne suis pas satisfait de *cet appareil/des services de votre agence*.
- Auprès de qui je peux déposer une réclamation ?

les causes

- Nous avions *commandé des dictionnaires "Français-tchèque"* mais nous avons *reçu des dictionnaires "Tchèque-français"*.
- Vous nous aviez assuré que ... mais ...
- La qualité/quantité des produits que vous avez livrés n'est pas conforme à ce que nous avions convenu.
- Le matériel que vous nous avez fourni ne fonctionne pas (correctement).

les suites

- Je voudrais savoir ce que vous comptez faire à ce sujet.
- J'aimerais être remboursé(e).
- Pourriez-vous changer/réparer ...
- Je réclame des dédommagements.

examiner la réclamation
- Nous allons voir ce que nous pouvons faire pour vous.
- Nous allons examiner votre réclamation.
- Nous allons faire tout notre possible ...
- Nous allons arranger cela.
- Je m'occupe de votre problème.

présenter des excuses
- Je suis vraiment désolé(e)/navré(e) que vous ne soyez[s] pas satisfait(e) de *nos services*.
- Nous vous prions de nous excuser pour les problèmes qui ont pu être occasionnés.
- J'espère que vous comprendrez comment cela a pu se produire et que vous accepterez nos excuses.
- Je vous garantis que cela ne se reproduira plus.
- Nous vous remercions pour votre compréhension.

➤ EXCUSES

se disculper
- Je regrette beaucoup mais nous ne sommes pas responsables.
- C'est indépendant de notre volonté.
- Nous avons fait tout notre possible.

minimiser
- Je suis étonné(e), c'est la première fois que ça arrive.
- Ça arrive très rarement ...
- Ça arrive quelquefois !
- Ça aurait pu être pire !
- Nous allons trouver une solution !

dédommager
- En dédommagement, je vous propose ...
- Permettez-moi de vous offrir ...
- Pour oublier cela ...
- Faites-nous confiance. Nous allons trouver un arrangement ...

RÉFÉRENCE
SE RÉFÉRER À QQCH

à une communication antérieure
- Dans votre télécopie du *12 août vous* dites/mentionnez que ...
- Comme j'en faisais mention dans ma communication du *1er avril* ...
- Si je me réfère à ma lettre du ...
(dans un message écrit:)
- Suite à notre conversation téléphonique du /à votre télécopie du/ au compte-rendu de la réunion du *31 mai*, ...

à des propos, dans un débat
- D'après ce qui vient d'être dit, ...
- Si je m'en tiens à ce que vous dites, ...
- Comme vous le rappeliez, ...
- Si je me souviens bien, on a parlé de ...

à des sources
- En accord avec ce que nous avions décidé, ...
- Selon la directive qui concerne ...
- En référence à la circulaire du *21 mai*, ...
- Si on se réfère au procès-verbal de notre dernière réunion, ...
- L'article 82 prévoit que ...
- Le code civil stipule que ...
- Le contrat fixe les conditions de ...
- De sources bien informées ...
- Selon nos calculs ...
- Selon nos simulations/prévisions ...

à une rumeur
- Le bruit court que *le Ministre des Finances va démissionner.*
- Une rumeur dit que ...
- Il y a une rumeur selon laquelle ...

REFORMULER

- Il me paraît nécessaire d'éclaircir quelques points.
- Si j'ai bien compris, vous voulez dire que ...
- Si je vous ai bien compris, il s'agit de ...
- Si je vous ai bien suivi, vous seriez d'accord pour ...
- En d'autres termes, vous pensez que ...
- Vous pensez donc qu'il serait possible de ...
- Vous confirmez donc que ...
- M. Nguyen nous a présenté *le plan de financement.* Il s'agit donc de ...
- Je me suis mal fait comprendre; en fait, je voulais dire que ...
- Mon intention n'était pas de ... mais plutôt de ...

- Avant de passer au point suivant, je vais récapituler ce qui a été dit.
- Après ce débat/cette discussion, nous pouvons dire que ...
- Pour clarifier, reprenons les différents arguments pour et les différents arguments contre.

REFUSER

une invitation
➤ INVITATION

une offre d'aide
- Merci beaucoup, ce n'est pas nécessaire/la peine, je vais me débrouiller.
- Merci, c'est très gentil/aimable, mais ça va aller.

une proposition
Je suis désolé(e), mais ...
- je ne peux pas accepter.
- je suis obligé(e) de refuser.
- je refuse.
- je suis dans l'obligation de refuser.
- Merci, mais je n'y tiens pas.
✦ Si vous me permettez, je préfère refuser/ne pas accepter.

REGRETTER

EXPRIMER UN REGRET

- Il est regrettable/dommage que vous ne puissiez **s** pas venir.
- Je regrette (vraiment) que ...
- Dommage que ...
- Vous ne pouvez pas venir. Comme c'est dommage/regrettable!

REMERCIEMENTS

à des visiteurs
- Je vous remercie de votre présence.
- Je vous remercie d'être venu (si nombreux).
- Je vous remercie de votre attention.
- Je vous remercie de votre participation.
- Encore merci pour votre patience ...

en réponse
- Mais c'est nous qui vous remercions (pour ...).

à l'organisateur d'une visite
- Nous vous remercions de votre accueil.
- Je voudrais vous remercier de ce que vous avez fait pour nous.
- Nous remercions *la ville de Lyon* d'avoir bien voulu accueillir *notre congrès.*
- Je présente (au nom de notre délégation) nos sincères remerciements à *Madame Leroy* pour l'organisation de ce voyage d'études.
- ... sans oublier, dans nos remerciements, l'équipe technique ...

à la fin d'un projet
- Je vous remercie pour votre collaboration/aide/compétence/ dévouement.

à la suite d'un service rendu
- Merci, c'est très aimable.
- Merci pour tout.
✦ Je vous remercie de votre amabilité.

au téléphone
- Merci de votre appel.

en réponse à des remerciements
- Mais je vous en prie, c'est tout naturel.
- Ce n'est rien !
- C'est tout à fait normal !
- Il n'y a pas de quoi !
- C'est avec plaisir.

après la remise d'un cadeau, de fleurs...
- Ah ! Il ne fallait pas !
- C'est trop aimable/gentil !

en réponse
- Mais je vous en prie, c'est la moindre des choses !

RENDEZ-VOUS

fixer un rendez-vous
- Je voudrais prendre rendez-vous avec *M. Trieu pour la semaine prochaine.*
- Je voudrais/aimerais vous rencontrer *pendant mon séjour à Lyon.* Est-ce que vous êtes libre *par exemple le lundi 14 octobre?*

arriver au rendez-vous, à l'accueil
- J'ai rendez-vous avec *M. Trieu à 15 heures.*
- Je m'appelle *André Ferré.* Je dois rencontrer *M. Trieu à 15 heures.*

➤ SITUATIONS: RENDEZ-VOUS

REPROCHER
FAIRE DES REPROCHES

- Il ne faut pas *garer votre voiture sur le parking du patron*.
- Il ne fallait pas qu'*il utilise* **5** *cette machine*.
- Vous avez tort de *ne pas essayer ce logiciel*.
- Vous avez eu tort de *lui dire ça*.
- Ce n'était pas très intelligent/correct d'*envoyer ce document*.
- Vous n'auriez pas dû *prendre le bus à 6 heures*.
- Il lui reproche de *trop fumer*.

RÉSUMER
RÉCAPITULER

résumer avant de conclure
- En résumé/pour résumer, *on peut dire que la rencontre a été riche* ...
- Résumons-nous.
- Récapitulons.
- En bref/brièvement/très brièvement, *les négociations continuent* ...
- En quelques mots ...
- (Donc) en somme ...
- Au fond ...
- En définitive ...
- En fin de compte/Tout compte fait/Finalement ...
- Grosso modo ...
- En gros ...

- Voici les points essentiels/importants de *cette réunion*.
- L'essentiel/important était que *nous soyons d'accord sur le programme*.
- La conclusion à tirer de *la réunion* était que *la coopération doit continuer et que* ...
- Les principaux points soulevés *au cours de la réunion* étaient *le financement et les délais de préparation*.
- Il ressort de *la réunion que la négociation doit se poursuivre*.

résumer un discours, un rapport
- Le point principal/essentiel/central était que *le commerce
électronique va se développer*.
- Les points principaux/essentiels étaient que ...

SALUTATIONS

À LA RENCONTRE

à une personne qu'on ne connaît pas bien
- Bonjour, Madame/Mademoiselle/Monsieur.

à une relation de travail
- Bonjour, Pierre.

à un ami
- Bonjour, Jean.
- Salut !

dans une boutique
- Bonjour, Messieurs Dames.

le soir (en fin d'après-midi)
- Bonsoir.

formule de contact après un "bonjour/bonsoir"
- Comment allez-vous ?
- Comment ça va ?
▼ Ça va ?

en réponse
- Très bien, merci, et vous(-même) ?
- Ça va bien, merci, et vous ?
- Ça va, (merci) ...
▼ Pas mal ...

POUR SE QUITTER

- Au revoir, Madame/Mademoiselle/Monsieur.
- Au revoir !
▼ Salut !

pour indiquer qu'on veut garder le contact
- À tout de suite !
- À tout à l'heure !
- À bientôt !
- À demain/mardi/ce soir/la semaine prochaine !
et
- Bonne journée/Bon après-midi/Bonne soirée !
- Bon week-end/Bonne fin de semaine !
- Bonne continuation !
- Bon courage !

au moment de se coucher seulement
- Bonne nuit !

➤ AU REVOIR

SOUHAITER

EXPRIMER UN SOUHAIT

- *La Direction générale* souhaiterait *être informée du résultat de cette enquête.*
- J'espère/voudrais bien *être informé(e) des suites de cette affaire.*
- J'espère que *vous m'informerez* ...
- Je souhaite que *vous m'informiez*[s] ...

- Si nous pouvions *obtenir ce contrat, nos affaires s'arrangeraient.*
- Pourvu que *nous obtenions*[s] *ce contrat !*
- Si seulement *on pouvait obtenir ce contrat* ...
- Si ça pouvait se faire ...
- Je vous souhaite d'*obtenir ce contrat.*

FAIRE DES VOEUX

Je vous souhaite ...
Nous vous souhaitons ...
◆ Nous avons le plaisir/la joie de vous souhaiter ...
- une bonne année
- de bonnes vacances
- un bon séjour parmi nous
- une bonne retraite
- une meilleure santé
- bon courage
- bonne chance
- bonne route
- bon voyage
- bon retour
- beaucoup de succès dans votre entreprise !

TUTOYER

proposer de tutoyer
- Est-ce que nous pouvons/pourrions nous tutoyer ?
- On pourrait se tutoyer si ça ne vous dérange pas ...

en réponse
- D'accord. Il n'y a pas de problème.
- Personnellement, je ne tutoie pas facilement.
- Moi, je n'arrive pas à tutoyer.
- Ce n'est pas (du tout) dans mes habitudes.

AU TÉLÉPHONE

VOUS DEMANDEZ VOTRE CORRESPONDANT

- Bonjour. Je voudrais parler à *M./ Mme Roy*, poste 321, s'il vous plaît.
- Puis-je parler à ... ?
- Est-ce que je peux parler à ... ?
- Pourriez-vous me passer *M./ Mme Roy*, s'il vous plaît ?

le standard répond
- C'est de la part de qui ?
- Qui est à l'appareil ?

- De la part de *Anne Plé, de Médieurope*.
- Je suis ...

- C'est à quel sujet ?

- C'est au sujet de ...
- C'est personnel.

- Ne quittez pas, je vous le/la passe.
- Un instant, je vous le/la passe.

- Merci, (beaucoup).

VOUS POUVEZ JOINDRE VOTRE CORRESPONDANT

- Allô ? C'est bien *M./Mme Roy* ?

- Oui, c'est moi.
- À l'appareil.
- Lui-même./Elle-même.

- Bonjour, *M./Mme Roy*. Anne Plé à l'appareil.

- Ah, bonjour *Mme Plé*. Comment allez-vous ?

- Très bien, merci.
- ... Je vous téléphone parce que ...

la conversation se termine
- Au revoir. Merci d'avoir appelé.
- Merci de votre appel.

51

VOTRE CORRESPONDANT EST OCCUPÉ

- Il est en ligne; vous voulez attendre ou vous rappelez plus tard ?
- Sa ligne est occupée. Vous patientez ?
- Vous voulez lui laisser un message ?
- Vous voulez qu'il vous rappelle ? Laissez-moi vos coordonnées ...

- D'accord, j'attends.
- Je reste en ligne.
- Je rappellerai tout à l'heure.
- Pouvez-vous lui dire que j'ai appelé ?
- Oui, je vais lui laisser un message.
- Pouvez-vous lui demander de m'appeler au *01 40 32 25 73* / sur mon portable.

ON NE PEUT PAS JOINDRE VOTRE CORRESPONDANT

- Je regrette, mais son poste ne répond pas. Mais il est là ...
- Vous pouvez patienter, j'essaie de le joindre.

- D'accord.
- Je rappelle tout à l'heure.

VOTRE CORRESPONDANT EST ABSENT

- Je regrette, il n'est pas là.
- Il est en réunion/absent/en voyage/en déplacement/en rendez-vous/en congé ...
- Il n'est pas encore arrivé ...

- Vous pouvez me dire quand est-ce qu'il revient ?

> - Il sera là dans *une demi-heure/ vers 3 heures...*

- Vous pouvez prendre un message pour lui ?

> - Tout à fait ...
> - C'est entendu/noté.
> - Je vais prévenir *M. Roy.*

IL Y A UNE ERREUR

> - *M. Roy* ? Je ne connais pas de *M. Roy* ici.
> - Désolé. Je crois que vous vous trompez.
> - Vous faites erreur ...
> - Il y a erreur ...
> - Vous avez fait un mauvais numéro ...

- Oh, excusez-moi.
- Je ne suis pas au numéro ... ?

> - Non, ici c'est le ...

- Pardon, je me suis trompé(e) de numéro.

> - Je vous en prie.

PROBLÈMES

le numéro est complètement faux
automate : Il n'y a pas d'abonné au numéro que vous avez demandé.

la ligne est encombrée
automate : Par suite d'encombrement, votre demande ne peut aboutir. Veuillez renouveler votre appel.

il y a des problèmes techniques
- J'ai des problèmes de batterie/liaison avec mon portable. Je vous rappelle ...

la communication a été coupée
- Nous avons été coupés ; je reprends ...

on entend mal
- J'entends très mal.
- La ligne est très mauvaise.

- Pouvez-vous raccrocher et refaire le numéro, s'il vous plaît ?

- Pourriez-vous répéter, s'il vous plaît ?
- Pouvez-vous parler moins vite ?

- Est-ce que vous pourriez épeler votre nom, s'il vous plaît ?

QUELQUES FORMULES UTILES

Pouvez-vous me donner ...
- le numéro du poste de M. Roy.
- son numéro direct.
- le numéro de son portable.

pour faire patienter
- Un instant, s'il vous plaît !

RENDEZ-VOUS

FIXER UN RENDEZ-VOUS

- Je voudrais prendre rendez-vous avec *M. Trieu pour la semaine prochaine*.
- Je voudrais/j'aimerais vous rencontrer *pendant mon séjour à Lyon*.
- Est-ce que nous pourrions nous rencontrer ?
- Est-ce que vous pourriez me recevoir ?
- Est-ce que nous pourrions fixer un rendez-vous ?
- Est-ce que nous pourrions convenir d'un rendez-vous ?
✦ Est-ce que vous pourriez m'accorder un entretien/rendez-vous ?

la date, le lieu
- Pourriez-vous me recevoir prochainement/dans l'après-midi/la semaine prochaine ?

  - Quand est-ce que cela vous conviendrait ?

- Je suis libre *le 17 juin vers 11 heures*, est-ce que cela vous convient ?

  - Je vérifie dans mon agenda: *le 17 à 11 heures* ...
  - Je suis pris(e) à cette date mais je pourrais vous voir *le 19 à 14 heures*.

- Est-ce que je peux vous proposer un rendez-vous *le 15 de 17 à 18 heures* ?
- Est-ce que vous auriez un moment libre *le matin vers 11 heures* ?

  - Disons donc le 12 mai en fin de matinée.

- Pourriez-vous me consacrer une heure ?
- Combien de temps pensez-vous qu'il nous faudrait ?
- Où pourrions-nous nous retrouver ?

confirmer
- Vous pouvez me confirmer par téléphone/télécopie, s'il vous plaît ?
- Je vous appelle pour vous confirmer l'heure de notre rendez-vous.

modifier, annuler

- Je suis désolé, mais en raison de ... nous ne pourrons pas nous voir comme prévu.
- Nous avions prévu un rendez-vous pour *le 24*, mais j'ai dû modifier mes déplacements.
- Nous devions nous rencontrer *à 7 heures du soir*, mais j'arriverai en retard ...
- Est-ce qu'il est possible de changer la date/l'heure/le lieu de notre rendez-vous ?
- Est-ce qu'il est possible d'avancer la date ... ?
- Est-ce qu'il est possible de reporter la date ... ?
- Est-ce qu'il est possible de nous voir plus tôt/tard que prévu ?

- Malheureusement, nous devons reporter/annuler notre rendez-vous.
- Je vous recontacterai pour vous proposer un autre rendez-vous.

RECRUTEMENT

PROFIL DU POSTE

- Voilà la définition/le profil du poste.
- Nous recherchons *un(e) assistant(e) juridique et administratif(ive)*.
- Il/Elle assistera *le Directeur Général*.
- Il faut avoir une formation supérieure en *Droit des Affaires*.
- Le candidat aura le goût des *contacts*.
- Ce poste demande/requiert aussi une expérience dans le domaine *administratif et financier*.
- Une bonne connaissance de *l'outil informatique* est nécessaire.
- Il/Elle devra avoir 5 ans d'expérience dans cette fonction ou à un poste similaire.
- Il/Elle devra être bilingue *anglais-français*.
- Les candidat(e)s devront être âgé(e)s de 25 à 40 ans.
- La rémunération/le salaire de départ sera fonction de l'expérience.
- Le salaire est composé d'un fixe, plus des primes, plus des avantages en nature comme *voiture* ...

QUESTIONS À UN(E) CANDIDAT(E)

formation, expérience
- Qu'est-ce que vous avez comme formation ?
- Qu'est-ce que vous avez fait comme études ?
- Quels diplômes avez-vous ?
- Quels stages de formation continue avez-vous suivis ?
- Qu'est-ce que vous avez comme expérience professionnelle ?
- Avez-vous de l'expérience dans le domaine de la gestion ?
- Avez-vous des compétences dans le domaine du droit du travail ?

parcours
- Où est-ce que vous avez déjà travaillé ?
- Ça fait longtemps que vous travaillez à *la RATP* ?
- Combien de temps vous avez travaillé chez *Citroën* ?

- Ça fait longtemps que vous travaillez comme *chef de projet* ... ?
- En quoi consiste votre travail/poste actuel ?
- Expliquez-moi votre travail.
- Quelles sont vos fonctions actuelles ?

motivations
- Pourquoi vous vous intéressez à ce poste/cette fonction ?
- Quelles sont vos motivations pour ce travail ?
- Pourquoi voulez-vous quitter votre employeur/changer de travail ?
- Qu'est-ce qui vous paraît le plus intéressant/important/difficile dans votre poste actuel ? / ... dans ce poste ?
- Selon vous, quelles sont les qualités individuelles/personnelles demandées/exigées par ce poste ?

autres questions
- Avez-vous la pratique du travail en équipe ?
- Pourriez-vous animer une équipe ?
- Avez-vous exercé des responsabilités d'*encadrement* ?

- Qu'est-ce qui vous intéresse en dehors du travail?
- Est-ce que vous avez des responsabilités dans d'autres domaines/le domaine social/associatif?
- Quels sont vos loisirs/passe-temps favoris?
- Qu'avez-vous l'intention de faire quand vous aurez fini vos études ?
- Vous avez une idée du développement de votre carrière ?
- Quand pourriez-vous prendre votre poste/commencer votre stage ?
- Quand pouvez-vous être libre ?
- Quelle est la durée du préavis que vous devez donner à votre employeur actuel ?

salaire
- Quelles sont vos prétentions (salariales) ?
- Quel salaire espérez-vous ?
- À quoi vous attendez-vous comme salaire ?

DÉFENDRE SA CANDIDATURE

formation

- J'ai fait des études de *Sciences Politiques/Économie/* ...
- J'ai fait une école d'*ingénieur en informatique*.
- J'ai fait des études à *l'Université de Montpellier/à l'École supérieure de Bâtiments et Travaux Publics/dans un Institut de Technologie/à l'Institut des études de secrétariat/* ...
- J'ai une maîtrise de *Sciences sociales/*un BTS (brevet de technicien supérieur) de *biochimie/*un diplôme de *gestion/* ...
- Je suis diplômé(e) d'*un Institut d'interprétariat*.
- J'ai le niveau bac+2, mais je n'ai pas le diplôme.
- J'ai commencé des études de *droit* mais je ne les ai pas terminées.
- J'ai suivi des cours du soir/par correspondance pendant 3 ans.
- Je n'ai pas continué mes études ...
- Je me suis formé(e) moi-même.
- Je suis autodidacte.
- J'ai appris sur le terrain/tas.

parcours

- Je suis entré(e) chez *Insert*, il y a 10 ans, après avoir terminé mes études d'*informaticien*.
- J'ai suivi/fait un stage de formation de *réceptionniste* pendant 3 mois.
- J'ai commencé comme *responsable de formation*.
- J'y suis resté(e) 3 ans; ensuite, je suis entré(e) à *la Banque du Sud* comme *adjoint au Directeur du personnel*.
- Je suis devenu(e) *responsable de développement* en 2000.
- J'ai été promu(e) au poste d'*ingénieur en chef* il y a 3 ans.
- Je suis parti(e) pour raison de santé/...
- J'ai pris un congé parental/de maternité/de formation/de maladie/... pendant 18 mois.
- J'ai démissionné en 1999 parce que j'ai repris des études.
- J'ai été licencié pour raisons économiques il y a un an.
- J'ai quitté mon travail pour élever mes enfants; maintenant, je désire retravailler.

fonctions actuelles

- Je travaille au *département des achats*.
- Je m'occupe du *service comptable*.
- Je suis chargé des *relations avec la presse*.
- Je fais partie de l'équipe de *recherche-développement*.
- Je suis responsable de *la stratégie*.
- Je dirige *le service exportations*.
- Je suis *chef de rayon*.
- Mon titre officiel est *Directeur adjoint* ...
- Je suis un des responsables du *département étranger*.
- Je suis sous les ordres du *Directeur commercial*.
- Je dépends du *Ministère de la Santé*.
- Mon travail consiste à *informer le personnel/coordonner les équipes de vente*.
- Ma fonction principale est d'*assurer l'approvisionnement*.
- J'analyse *les tendances du marché boursier*.
- Je veille à *ce que la qualité soit maintenue*.
- J'évalue *le potentiel des nouveaux marchés*.
- Je supervise *le travail des vendeurs*.
- Je vérifie *les contrats*.
- Je dois m'assurer que *les mesures d'hygiène sont respectées*/du *respect des mesures de sécurité*.
- Mon travail comporte d'*autres tâches*.
- Je prends part aux *décisions*.

compétences

- Je crois que j'ai une grande expérience en *comptabilité*/de *la comptabilité*.
- Je parle et j'écris l'anglais, *l'allemand et l'espagnol* couramment.
- J'ai séjourné *deux ans en Grande-Bretagne*.
- Je sais utiliser/me servir d'*un traitement de texte*.
- C'est un secteur/domaine que je connais bien.
- Je pense que ce poste me convient.
- Ce travail correspond à ma formation/mes compétences.

motivations, valorisation

- Ce qui m'intéresse en premier lieu, c'est *de travailler sur projet*.
- Je suis surtout motivé(e) par *le travail sur projet*.
- Je me sens prêt(e) pour un poste à *responsabilités*.
- J'ai le goût des *responsabilités*.
- J'ai l'esprit d'*initiative*.
- J'aime le travail d'équipe.
- J'ai le sens des *relations*.
- Je veux approfondir mes connaissances en *langues*.

combien ?

- Actuellement, je gagne 3000 euros, brut, par mois.
- Mon salaire est composé d'un fixe mensuel de 2500 euros plus des primes ..., plus un pourcentage sur les ventes, ce qui représente environ 40000 euros par an.

quand ?

- Je serai libre dès *le 1er août*.
- Je peux me libérer à partir du *31 juillet*.

- Quand est-ce que la décision sera prise ?
- Nous prendrons la décision dans *3 jours*.
- Nous vous tiendrons au courant.

PRÉSENTER UNE ENTREPRISE

- Bonjour. Bienvenue dans notre société/groupe/entreprise/centre de recherches/centre culturel/...
- Soyez le/la bienvenu/e dans notre agence.
- Nous sommes heureux de vous accueillir dans nos locaux.
- J'espère que votre visite sera agréable.
- Je m'appelle *Claude Metz*, et je suis *chargé de la communication*.

avant de commencer la visite
- Permettez-moi de présenter brièvement la structure de notre société.
(pour les administrations, organismes publics:)
- Je vais vous parler des missions de notre agence/des buts poursuivis par notre établissement/du rôle de ce centre.
- Je vais vous dire quelques mots sur les principes d'action de cette fondation/sur nos moyens d'action.

historique
- Pour commencer, je vais vous faire un bref historique de la société.
- Elle a été fondée en *1919* par *les frères Clarté*, et elle est devenue société anonyme en *1928*.
- La société a été créée en *1972*.
- C'est une société établie de longue date.
- C'est une entreprise familiale.
- Elle s'est implantée dans la région *Rhône-Alpes* en *1959*.
- Elle a commencé par fabriquer/commercialiser du *matériel téléphonique*, puis elle s'est convertie à l'*électronique industrielle*.

structure
- Notre société a son siège à *Puteaux*.
- Elle est immatriculée dans le département du *Val d'Oise*.
- Si vous voulez quelques détails sur les statuts ...
- C'est une PME/une PMI/un groupe/...

- C'est une entreprise de taille moyenne.
- C'est une entreprise importante qui fabrique des *cartes à puce*.
- Elle possède des filiales dans plusieurs pays.
- Elle a 4 succursales.
- Elle a des points de vente/des bureaux dans toute l'Union Européenne.
- Nos sites de production sont répartis dans *4 pays*.
- Nous sommes représentés dans la plupart des grands pays industriels.
- La société fait partie du groupe *LPV*.
- Notre groupe est constitué de différentes sociétés.
- La société a été reprise par *LPV-International* en 1994.
- La société est la propriété de *Unipétro*.
- Elle vient d'absorber *Agro-SA*.
- Nous avons fusionné avec *Méta-Rhin*.
- C'est une société par actions.
- Elle est cotée en Bourse.

administration
- Notre département dépend du *Ministère de la Recherche*.
- Nous faisons partie de l'*Office des Forêts*.

activités industrielles et commerciales
- Je vais vous présenter les activités de notre société.
- Maintenant, quelques mots sur la stratégie/politique de notre société.
- Voilà les grandes lignes de nos activités.
- Nos activités sont très diversifiées.
- Nous fabriquons du *matériel électrique*.
- Notre production va du *livre de poche* au *cédérom*.
- Nous offrons une gamme de produits/services très étendue.
- Nous proposons des services dans le domaine de l'*informatique*.
- Nous sommes présents dans le secteur de l'*agro-alimentaire/de la finance/des services/de la grande distribution/*...
- Nous détenons une part importante du marché de l'*automobile*.
- Nous sommes concurrentiels dans le secteur du *bâtiment et des travaux publics*.

- Les points forts de notre entreprise sont *la rapidité et la qualité d'exécution*.
- Nous travaillons en collaboration avec *Brasilcom* pour un projet d'*équipement ferroviaire*.
- Nous avons des accords de partenariat avec *une entreprise chinoise*.
- Notre société exporte 25% de sa production.

situation économique
- Notre société est en expansion.
- Elle a une croissance très rapide.
- Notre chiffre d'affaires a atteint les *150 millions d'euros l'année dernière*.
- Notre groupe a réalisé un bénéfice de *2,5 milliards d'euros l'année dernière*.
- Nous avons eu un léger déficit, *il y a deux ans*.
- C'est une société saine, financièrement parlant.
- Notre société est en faillite.

organisation et employés
- Voici l'organisation de notre entreprise.
- Voici l'organigramme de notre entreprise.
- L'entreprise est constituée/composée de 4 branches/départements/divisions/ ateliers...
- Notre entreprise emploie 650 salariés dont 35% de cadres et 10% de personnel administratif.
- Nous employons 400 ouvriers/opérateurs.
- Sur ce site nous avons 200 employés.
- Nos effectifs ont diminué de 12% ces dernières années.
- Nous avons dû faire des compressions de personnel.
- Nous avons embauché 40 personnes l'année dernière.
- On fait la semaine de 35 heures/de 4 jours.
- La production fait les 3 "huit".
- Beaucoup d'employés travaillent à temps partiel.
- Nos employés ont des horaires flexibles/variables/à la carte ...

- Je vais vous parler maintenant de notre culture d'entreprise/de notre plan qualité...
- Voici la brochure de présentation de notre société.
- Voici le rapport annuel de notre société.

- Voici quelques données-clés/chiffres-clés :
 Statut juridique
 Dénomination sociale
 Date de fondation
 Fondateur
 Siège social
 Moyens de production
 Pays/régions d'implantation
 Effectif
 Capital
 Chiffre d'affaires
 Bénéfice net
 Investissements

VISITER LES LIEUX

- Nous allons commencer la visite par *les ateliers*; si vous voulez bien me suivre ...
- Maintenant nous entrons dans *le centre de recherches*.
- Nous sommes dans *le bâtiment administratif*.
- Tout à l'heure nous irons au *service de la formation*.
- Là-bas, à droite, vous pouvez voir *le centre d'essai*.
- Malheureusement, nous ne pourrons pas aller au *réacteur nucléaire*.
- Nous terminerons dans la salle de réception où des rafraîchissements vous attendent.

Sécurité !
- Attention à la marche !
- Faites attention, le sol est glissant.
- Maintenant nous allons entrer/passer dans les caves, je vous demanderais de bien vouloir respecter les mesures d'hygiène/de sécurité.

- Par avance je vous prie de nous excuser, mais je vais vous demander ...
  ... de porter ce badge/macaron.
  ... de couper vos téléphones portables.
  ... d'enfiler ces combinaisons de protection.
  ... de porter un bonnet de protection.
  ... de mettre des protections sur vos chaussures.
  ... de porter un casque anti-bruit/de chantier.
  ... de ne pas vous approcher des machines/des cages.
  ... de respecter les zones de sécurité.
  ... de garder le silence.
  ... de rester en groupe.
  ... de ne pas vous arrêter.
  ... de ne pas prendre de photos.
  ... de laisser vos objets métalliques avant d'entrer.
  ... d'éteindre votre cigarette.
  ... de faire attention à ...

solliciter des questions
- Avez-vous des questions ?
- Je suis prêt(e) à répondre à toutes vos questions/demandes de précision.
- N'hésitez pas à demander des précisions ?
- Je suis à votre disposition pour toute information.

poser des questions
- Pourriez-vous nous dire depuis quand *vous organisez des spectacles* ?
- Pouvez-vous nous préciser où vous êtes implanté ?
- Vous pourriez nous expliquer comment *vous imprimez vos tissus* ?
- Vous pouvez nous présenter *votre dernier modèle* ?
- J'aimerais savoir si vous exportez beaucoup ?
- Je n'ai pas bien saisi/compris avec quelle ONG (= organisation non gouvernementale) vous coopérez ?
- Qu'est-ce que vous voulez dire (exactement) quand vous dites que *les normes d'hygiène sont très contraignantes* ?
- Qu'est-ce que vous entendez par *problèmes salariaux* ?

pour finir

- Je vous remercie de votre attention.
- Nous avons le plaisir de vous offrir *des rafraîchissements/du café/un vin d'honneur/une dégustation de fromages régionaux.*
- En souvenir, nous vous offrons ce petit cadeau.
- Nous espérons vous revoir ...

en réponse

- C'est nous qui vous remercions.
- Au nom de notre délégation, je tiens à vous remercier pour cette visite.

PRÉSENTER UN PRODUIT

lancer la présentation
- Voulez-vous que je vous présente un modèle ?
- Laissez-moi vous présenter notre nouveau modèle.
- Vous désirez en savoir plus/davantage sur ... ?
- Je suis très heureux de vous présenter les avantages de notre nouveau système.
- Je vais vous en faire la démonstration.
- Je vais vous présenter ses principales caractéristiques.
- Si vous voulez en savoir plus, n'hésitez pas à me poser des questions.

caractéristiques et qualités
- Une de ses caractéristiques les plus remarquables, c'est *sa rapidité.*
- Ce qui est remarquable dans ce système/cet appareil, c'est qu'il est *très résistant.*
- Il est économique à l'usage.
- Il comporte/est constitué de/est composé de ...
- C'est le seul (dans sa catégorie) à pouvoir utiliser *l'énergie solaire.*
- Il est très avantageux du point de vue taille/encombrement/...
- C'est un système solide/fiable/simple d'emploi/convivial/...
- Il est facile à installer/manier/entretenir/...
- C'est un système très adaptable .
- Il est possible de l'adapter à vos besoins (sur commande).
- C'est un système évolutif/modulaire/...
- Vous pouvez aussi ajouter/adjoindre des outils supplémentaires.
- Vous pouvez aussi le connecter avec *un ordinateur.*
- Vous trouverez dans la fiche technique, des informations complémentaires sur son fonctionnement/son entretien/son réglage/...

choix
- Nous avons une gamme de modèles correspondant à chaque besoin.
- Vous trouverez un modèle adapté à vos besoins.
- Vous avez un choix de puissances/tailles/couleurs/prix ...

esthétique, artisanat
- C'est une réussite en ce qui concerne l'esthétique.
- Son design est particulièrement soigné.
- Il est fait entièrement à la main.
- Il est fait "à l'ancienne".
- Il est fabriqué selon la méthode traditionnelle.

technologie et innovation
- C'est un modèle tout à fait nouveau.
- C'est le résultat de recherches poussées.
- C'est un modèle de conception classique/éprouvée mais utilisant des technologies de pointe.
- C'est un modèle ...
    ... haut de gamme.
    ... de conception tout à fait nouvelle.
    ... technologiquement révolutionnaire.
    ... aux spécifications très élevées.
    ... conforme aux normes européennes CE.
    ... conforme aux normes de qualité ISO 9000.
    ... fabriqué selon un cahier des charges exigeant.
    ... de finition très soignée.

livraison et après-vente
- Nous pouvons livrer dans *les 10 jours* suivant la commande.
- Vous avez une garantie de *deux ans*, pièces et main-d'oeuvre gratuites.
- Nous avons un réseau de service après-vente/de maintenance très efficace.
- Nous pouvons assurer l'installation et la maintenance.
- Nous avons un réseau de distributeurs/service après-vente dans toute *l'Europe*.

69

prix

- Son prix a été particulièrement étudié.
- Son prix est particulièrement intéressant.
- Vous avez un bon rapport qualité – prix.
- Vous l'amortirez rapidement.
- Nous pouvons vous faire une remise spéciale de 10%.
- Profitez de notre prix spécial/promotionnel de lancement.
- Vous bénéficiez d'une promotion exceptionnelle ...
- Je peux vous faire un prix.
- Nous pouvons vous faire des conditions de paiement.
- Vous pouvez régler en *24* mensualités.

renommée

- Notre société est connue/renommée pour son expérience/sa qualité.
- Ce modèle connaît déjà beaucoup de succès.
- C'est un modèle très demandé.
- La presse spécialisée a été très positive.

questions ?

- Pouvez-vous me montrer comment fonctionne *ce logiciel* ?
- Je pourrais le voir en démonstration ?
- Qu'est-ce que ce modèle a de spécial par rapport au modèle précédent ?
- Quelles différences y-a-t-il entre ces modèles ?
- Qu'est-ce qu'il y a comme innovation/nouveauté technique ?
- Quels sont ses avantages, ses inconvénients ?
- Est-ce qu'il est (plus) facile d'utilisation/de montage/d'installation ... ?

- Est-ce que je pourrais avoir une brochure de présentation (avec les prix) ?
- Qu'est-ce qu'il y a comme garantie ?
- Qu'est-ce qu'on doit faire pour l'entretien ?
- J'aimerais un devis d'installation.
- Quels sont vos délais de livraison ?
- Est-ce que vous faites des prix ?
- Qu'est-ce que vous faites comme conditions de paiement ?

PRÉSENTER UN SERVICE

lancer la présentation
- Si vous le permettez, je voudrais vous présenter les services que nous proposons.
- Permettez-moi de vous montrer ce que nous pouvons faire pour vous.
- C'est avec plaisir que je peux vous montrer comment notre service pourrait vous être utile.
- Nous sommes à votre disposition pour ...

renommée
- Comme le montre notre brochure de présentation, nous sommes implantés partout en *Europe*.
- Nous avons des clients dans le monde entier.
- Nous possédons dans notre domaine une longue expérience/une expérience de *plusieurs décennies*.
- Nous mettons notre expérience au service de nos clients.
- Parmi notre clientèle, nous comptons *ABC* ...
- Nous avons travaillé avec des sociétés très différentes, comme *la Banque du Sud* ...
- Nous jouissons d'une bonne renommée.

savoir-faire
- Nous sommes capables de répondre à des demandes très différenciées.
- Nous pouvons assurer des prestations très variées.
- Notre cabinet est prêt à étudier des projets de tous types.
- Nous avons l'habitude de travailler en étroite collaboration avec nos clients.
- Nous travaillons en partenariat avec le client.
- Notre objectif est de proposer des solutions.
- Nous avons une équipe de conseillers/consultants/spécialistes très compétents.

- Notre équipe analyse la situation en partenariat avec le client.
- Après analyse, nous recommandons des stratégies, des actions ...
- Nous vous aidons à mettre en œuvre des stratégies, des plans d'action ...
- Nous pouvons vous aider à faire un plan de formation.
- Nous sommes spécialisés dans la formation.
- Nous nous chargeons de former vos employés.
- Nous sommes à votre disposition pour tous transports.
- Nous sommes en mesure de transporter des matières dangereuses.
- Nous possédons une expertise particulière dans le domaine de la sécurité.
- Nous pouvons vous éviter des frais de maintenance.
- Nous mettons notre expertise à votre service.
- Nous pouvons mener des études/recherches sur la réorganisation de vos services.
- Nous pouvons effectuer des études de faisabilité.
- Nos résultats restent confidentiels.

honoraires
- Nos tarifs/honoraires sont étudiés.
- Nos prix/tarifs sont calculés de façon à tenir compte de vos moyens.

PRÉSENTER UN EXPOSÉ

salutations et présentations
- Mesdames, Messieurs, bonjour/bonsoir.
- Je vous remercie de m'avoir invité ...
- Permettez-moi tout d'abord de me présenter ...
- Je vais vous présenter en quelques mots les activités de *la société Imaginex.*
- Sur cet écran, vous verrez les grands points de mon exposé ainsi que quelques graphiques ...

LE PLAN DE L'EXPOSÉ
- J'interviendrai en trois points : d'abord ..., ensuite ..., enfin ...
- D'abord/premièrement/en premier lieu, je commencerai par une description de nos activités ...
- Puis ensuite/deuxièmement/en second lieu, j'aborderai les problèmes de développement ...
- Après quoi, je vous présenterai les résultats de nos recherches ...
- Enfin/pour terminer, j'exposerai nos projets ...
- ... et je répondrai à toutes vos questions.

au préalable
- Avant tout/auparavant, je voudrais rappeler que ...
- Tout d'abord ...
- En tout premier lieu ...

d'une étape à l'étape suivante
- Avant de passer au point suivant/au problème de *la pollution* ..., il faut souligner que *des progrès ont été faits* ...
- Je voudrais maintenant aborder la question des *déchets radio-actifs* ...
- Je voudrais, à ce stade, examiner *les perpectives technologiques* ...
- Je voudrais ensuite traiter le problème de *l'internationalisation* ...
- J'en ai fini avec *les questions industrielles* ... j'en viens maintenant au *problème de la recherche* ...

- Je voudrais revenir maintenant sur *les problèmes de développement* ...
- Je reviendrai plus tard sur *les problèmes de développement* ...
- Je laisse de côté *la question de la production* ... pour aborder *celle de la diffusion* ...
- Venons-en au dernier point ...
- Cela nous amène à notre dernier point ...
- Pour résumer les quelques points de ma présentation ...

PENDANT L'EXPOSÉ

- Il faut insister sur le fait que ...
- Il faut rappeler que ...
- Notez bien que ...
- On notera que ...
- N'oublions pas que ...
- Il faut souligner que ...
- Vous savez déjà que ... mais ...
- Permettez moi d'insister sur le fait que ...
- Je voudrais attirer votre attention sur ...
- J'aimerais faire une remarque en ce qui concerne ...
- Je voudrais aborder la question de ...
- Je suis préoccupé(e) par ...
- Cela signifie que ...
- Nous constatons en particulier que ...
- Examinons la situation ...
- Comme vous venez de le voir ...
- Il paraît évident que ...
- Considérons maintenant ...
- Je voudrais commenter brièvement les résultats ...
- On peut en déduire que ...
- Nous pouvons en conclure que ...
- L'analyse démontre/indique/permet de déduire que ...
- Je dois, d'autre part, mentionner le fait que ...
- Je voudrais également vous faire remarquer que ...

digression
- Si je peux me permettre une digression ...
- Je me permets de sortir un peu du sujet ...
- Juste une anecdote, ...
- Je voudrais ajouter, entre parenthèses, ...
- ..., je referme la parenthèse, ...

aides visuelles
- Comme vous le voyez sur ce tableau/cet écran ...
- L'écran suivant montre ...
- Ce transparent présente ...
- Ces graphiques représentent ...
- Comme on le voit sur ce document ...
- Si vous voulez bien regarder ce graphique, il indique que ...
- Comparons les tableaux 1 et 2 ...
- Si l'on en croit ce diagramme ...
- Pour illustrer mon propos, je vais maintenant vous passer une vidéo sur ...

introduire une opinion personnelle
- (Personnellement/Pour ma part) Je pense/crois/trouve/suis persuadé(e)/suis convaincu(e)/suis sûr(e)/ai la certitude que ...
- Je ne pense/crois pas que ...
- Je ne suis pas (si) sûr(e) que ...
- D'après/Selon moi ...
- En ce qui me concerne, je pense que ...
- À mon avis ...
- Il semble (bien) que ...
- Il apparaît que ...
- Il semble/est évident que ...

nuancer une opinion
- Il me semble que ...
- J'ai le sentiment/l'impression que ...
- Il me paraît possible que ...
- Je dirais que ...

se référer à l'opinion d'une autre personne
- D'après/Selon *M. Leclair*, ...
- En reprenant (ce qu'a dit) *M. Leclair*, ...
- Citant *M.Leclair* ...
- Comme l'a dit/exposé *M. Leclair*, ...

... en prenant des distances avec ce qui a été dit
- Comme le prétend *M. Leclair* ...
- Comme l'a laissé entendre *M. Leclair* ...

introduire un exemple illustrant un propos
- Considérons par exemple ...
- Prenons un cas particulier pour illustrer ...
- Si on prend à titre d'exemple le cas de ...
- Le cas de ... illustre bien ...
- Je prendrai, si vous le voulez bien, l'exemple de ...
- Pour ne prendre qu'un exemple ...
- En voici l'illustration/un exemple ...
- Ainsi ...

TERMINER UN EXPOSÉ
- Finalement/enfin/en fin de compte/tout compte fait/en définitive ...
- En conclusion/pour conclure ...
- Je termine(rai) par ces mots/cette remarque ...

dernières phrases de l'exposé
- Je vous remercie de votre attention.
- J'espère que ma présentation vous a montré ...
- J'espère que cet exposé vous a donné ...
- Je suis prêt à répondre à vos questions.
- Encore des questions ?
- Plus de questions ?
- J'aurai le plaisir de continuer la discussion avec chacun d'entre vous.

RÉUNION

PRÉSIDER, DIRIGER, CONDUIRE UNE RÉUNION

après les salutations
- Je crois que vous vous connaissez tous.
- Je crois que vous ne vous connaissez pas tous; je vous propose donc de faire un tour de table, chacun se présentera ...

ouvrir la réunion
- Mesdames, Messieurs, je déclare la réunion ouverte.
- *Mme/M. Lamy* sera secrétaire de séance ...

présenter la réunion et passer à la discussion
- La réunion a pour objet *la réorganisation du service de sécurité.*
- La réunion a pour objectif de faire le point sur *le projet Lardi.*
- Cette réunion a été organisée pour ...
   ... vous informer des *changements d'horaires.*
   ... discuter du *programme d'automne.*
   ... avoir un échange de vue sur *le plan de formation.*
   ... examiner le problème des *réparations à faire.*
   ... prendre une décision en ce qui concerne *l'utilisation des parkings.*

- Vous avez tous pris connaissance de l'ordre du jour et du compte rendu de la dernière réunion.
- Avez-vous des remarques à faire ?

- Le premier point à l'ordre du jour est *le financement du voyage.*
- Nous devons discuter des *mesures d'hygiène à prendre* ...
- Je voudrais que nous commencions⁵ par discuter des *congés d'été.*

- Je vous demanderais d'être bref et précis.
- Je vous propose de limiter le temps de parole à *5 minutes.*

le président de séance donne la parole
- La parole est à *Mme Roland*.
- Je passe maintenant la parole à *M. Richard* qui va nous parler du *programme de formation*.

l'intervenant
- Je vous remercie, Monsieur le Président/Madame la Présidente. Je vais vous parler du plan de financement.
- J'aimerais remercier *M. Dupuis* pour son intervention.

lancer le débat
- Avez-vous des remarques, des suggestions ... ?
- Quelqu'un veut ajouter quelque chose ?

demander, prendre la parole
- J'aimerais intervenir.
- Je pourrais répondre... ?
- J'aurais une question à poser/un commentaire à faire ...

distribuer la parole
- M. Richard a demandé la parole. Je vous en prie ...
- D'abord *M. Richard*, ensuite *M. Saintener* et puis *Mme Vallais* ...
- Ne parlez pas tous en même temps.

faire respecter le temps de parole
- Laissez finir, je vous prie ...
- *M. Truche* conclut et je vous passe la parole ...
- Désolé(e), *M. Truche* avait demandé la parole.

- Désolé(e) de vous interrompre *M. Durieux*, vous avez dépassé votre temps d'intervention.
- Concluez, *M. Durieux*, c'est maintenant le tour de *Mme Vallais* ...

rappeler quelqu'un à l'ordre à l'occasion d'une digression
- Ne nous écartons/éloignons pas du sujet !
- Revenons à notre sujet.
- Je regrette mais ce n'est pas à l'ordre du jour.
- Vous sortez du sujet, *Mme Vallais*.

éviter de répondre
- Votre question pose plusieurs problèmes. Nous ne pouvons pas les traiter tous.
- Nous allons discuter de cela ultérieurement.

➤ÉVITER

passer au point suivant
- Puisqu'il n'y a pas d'autres remarques/questions, nous passons au point suivant.
- Voilà, nous avons fait le tour de la question.

mettre aux voix (vote)
- Le quorum est atteint.
- Je mets aux voix la proposition de ...
- Le vote se déroulera à bulletins secrets.
- Le vote se déroulera à mains levées.
- Ceux qui sont pour lèvent la main.
- Ceux qui sont contre lèvent la main.
- La majorité s'est prononcée en faveur de la proposition.
- Le proposition est adoptée par 12 voix contre 9, et 2 abstentions.
- La proposition est rejetée.

➤ CONFÉRENCE INTERNATIONALE: passer au vote

divers
- Est-ce qu'il y a d'autres points sur lesquels vous aimeriez discuter ?
- Il nous reste encore le dernier point de l'ordre du jour.
- Nous devons encore examiner le *problème des absences*.

clore la réunion
- Je déclare la réunion close.
- La réunion est terminée.
- Prochaine réunion *mercredi 24 mai à 17 heures.*
- Nous vous remercions de votre attention/participation.

la réunion peut être suspendue
- Je propose que nous suspendions la réunion pendant *une quinzaine de minutes.*
- La réunion est ajournée. Nous continuerons *mardi à 8 heures.*

➤ PAROLE

NÉGOCIATION

créer une bonne ambiance
(après les formules d'accueil)
- Je suis/Nous sommes heureux de vous rencontrer/revoir.
- Je suis persuadé(e) que nous allons trouver un accord satisfaisant pour tous.
- Je suis sûr(e) que nos discussions seront positives/constructives.

faire preuve d'ouverture et de tact
- Je suis d'accord avec vous sur ce point, mais j'aimerais attirer votre attention sur un autre aspect du problème.
- Je comprends tout à fait votre position mais il me semble que ...
- Vous avez tout à fait raison de considérer que ..., mais ...

faire des propositions souples et prudentes
- Sur cette question notre position reste ouverte.
- Nous sommes prêts à un arrangement sur ce problème.

reformuler les propositions adverses
- Si je vous ai bien compris, vous proposez que ...
- Pouvez-vous m'assurer que ...
- Il me paraît nécessaire d'éclaircir quelques points.

gagner du temps/éviter de répondre
- Vous venez de soulever un point important et je vous en remercie.
- Je pense qu'il vaudrait mieux traiter ce point plus tard.
- Nous ne sommes pas en mesure maintenant de vous donner une réponse.
- Je suis étonné qu'on revienne**s** sur cette question.

émettre des doutes, des réserves
- Je ne suis pas du tout sûr que nous puissions**s** atteindre cet objectif.
- Il me paraît difficile de croire que ...
- Je me permets d'émettre une réserve.

rassurer
- Permettez-moi de vous rassurer à ce sujet.
- Je peux vous assurer que nous atteindrons cet objectif.
- Je m'engage à ce que nous atteignions⁵ cet objectif.

justifier ses arguments
- D'après une étude très sérieuse de *l'OMC, la demande va augmenter.*
- Selon les dernières données fournies par *l'INSEE* ...
- Il est incontestable que ...

protester
- Nous sommes tout à fait opposés à cette proposition.
- Il n'est pas question d'attendre la prochaine réunion.

rupture
- Il est inutile de poursuivre cette discussion.
- Nous sommes allés aussi loin que possible.
- Il ne nous reste qu'à nous séparer.

revenir à la discussion
- Il reste des possibilités de régler cette question.
- Reprenons sur de meilleures bases de discussion.
- Nous pourrions reprendre cette discussion un peu plus tard.

arriver à un compromis et un accord
- Nous sommes prêts à faire des concessions/un geste de bonne volonté.
- Je remarque qu'un consensus est en train de se dégager sur le problème des délais.
- Si vous êtes d'accord pour ... nous sommes prêts à ...
- Dans ces conditions, il nous parait possible de ...
- Nous avons su trouver un compromis satisfaisant.

pour conclure la négociation
- Les discussions ont toujours été franches/directes/constructives.
- Cela a été un plaisir de travailler/discuter avec vous.

CONFÉRENCE INTERNATIONALE, CONGRÈS

OUVERTURE DE LA CONFÉRENCE, DU CONGRÈS

- Je déclare ouverte la *VIIe* Conférence *Internationale sur la Biodiversité*.
- J'ai l'honneur de déclarer ouvert le *deuxième* congrès *sur les Nouvelles Technologies de l'Information et de la Communication*.

salutations
- Madame le Président/Madame la Présidente/Monsieur le Président, Mesdames et Messieurs les Ministres, Messieurs les Ambassadeurs, Excellences, Mesdames et Messieurs les chefs de délégations, Mesdames et Messieurs les membres des délégations, Mesdames et Messieurs, chers hôtes.

RÔLE DU PRÉSIDENT

remerciements
- Permettez-moi, tout d'abord, de vous remercier de m'avoir confié la présidence de cette conférence. C'est un grand honneur pour moi et j'essaierai d'en être digne.

ouverture des séances, discussions, débats, interventions
- La troisième séance plénière est ouverte.
- La discussion sur le point 4 de l'ordre du jour est ouverte.
- Nous allons aborder maintenant le débat sur *le projet de résolution*.
- Nous passons à la discussion sur *le premier amendement*.
- Je donne maintenant la parole au représentant des *Laboratoires MCZ* qui va intervenir sur *"Les tendances actuelles de la recherche"*.

ordre du jour
- Le secrétaire général va vous donner lecture de l'ordre du jour.
- Je vais soumettre l'ordre du jour à votre approbation.
- Y-a-t-il des propositions de modification de l'ordre du jour ?

- Suite à la proposition du *délégué d'Andorre*, ...
    ... le point n° 4 est retiré de l'ordre du jour.
    ... est inscrit en supplément le point suivant : ...
    ... l'ordre de questions 7 et 4 est interverti.
    ... priorité est accordée au point 3.
- Y-a-t-il des questions diverses ?
- L'ordre du jour est adopté/approuvé.
- L'assemblée s'en tient à l'ordre du jour.
- Passons maintenant au premier point de l'ordre du jour.

liste d'interventions
- Avant d'aborder le point 2, la liste des intervenants/orateurs est ouverte.
- Je demande aux délégations de bien vouloir s'inscrire sur la liste.
- La liste des interventions est close.
- Voici la liste des orateurs.

débats, discussion
- À la demande de *Mme Roy*, nous ouvrons le débat sur la procédure.
- Passons au débat général.
- Venons-en au débat sur le fond.
- Il me semble qu'il vaut mieux disjoindre cette question et ouvrir un débat spécial sur ce point.
- Je vous propose de clore le débat sur le point 2.
- Puisque nous sommes arrivés à un consensus/accord, je vous propose de clore le débat sur ce point de l'ordre du jour.
- Le débat est clos.

- Je vous propose, à la demande de *M. Gris*, ...
    ... d'ajourner le débat sur le point 3.
    ... de reporter à une date ultérieure l'examen du point 3.
    ... de renvoyer ce débat à la prochaine session.
    ... de suspendre le débat.
- Le débat est suspendu pour 10 minutes.
- Êtes-vous d'accord pour une suspension de séance de dix minutes ?
- Après cette interruption, la discussion peut reprendre.

le droit de parole
- Je donne la parole à *Mme Roy*.
- Madame/Monsieur ... vous avez la parole.
- Si vous voulez bien monter à la tribune ...
- Je retire la parole à *M. Long*.
- *M. Long*, pouvez-vous céder votre tour de parole à *Mme Roy*, s'il vous plaît ?
- Je rappelle que le temps de parole est limité à *cinq minutes* par intervention.
- *Mme Roy* vous avez dépassé votre temps de parole.
- *M. Long*, je vais vous demander de conclure votre exposé.
- N'interrompez pas l'orateur, je vous prie !
- Ne nous écartons pas de la question.

➤ PAROLE

droit de réponse
- Passons au droit de réponse. La parole est d'abord à *M. Long*, puis à *Mme Roy*.
- *M. Brun*, je vous donnerai à nouveau la parole après *M. Gris*.
- *Mme Roy* demande à exercer son droit de réponse : je lui donne la parole.

appliquer le règlement
- Conformément au règlement, le nombre d'interventions sera limité à *trois*.
- Je vous demanderai de vous en tenir aux dispositions du règlement.
- Je rappelle les termes du règlement.
- Je dois constater que vous êtes en infraction au règlement.
- Nous pouvons interpréter le règlement.
- Je m'en réfère à la jurisprudence.
- Cette question dépasse les limites des compétences (réglementaires) de la présidence.
- Je prends acte des remarques qui viennent d'être faites.

motions, propositions de résolutions
- Suite à la motion soulevée/présentée par *Mme Roy*, je lui donne la parole.
- Je déclare la motion recevable/irrecevable.
- Passons maintenant à l'examen des motions (sur le fond) déposées.
- Examinons en deuxième lecture les amendements/projets présentés.

passer au vote
- Je soumets au vote le projet de résolution.
- Je mets l'amendement aux voix.
- Je soumets à votre approbation la résolution de remplacement.
- En l'absence d'objections, la proposition de résolution est acceptée.
- Pour ? Contre ? Abstentions ?
- Je déclare le scrutin clos.
- Voici le résultat du vote : 25 voix pour, 17 voix contre, 9 abstentions.
- Le projet est adopté.
- Le projet est refusé.
- Le projet est adopté à l'unanimité.

➤ RÉUNION: mettre aux voix

ordre et discipline
- Je suis obligé(e) de rappeler *M. Pertus* aux convenances.
- Je demanderai à certains délégués de ne pas perturber le déroulement des débats.
- Je donne un avertissement au représentant de *la FTS* ...
- Je me vois contraint(e) de prononcer l'exclusion du représentant de *la FTS* ...

fin de séance
- La séance est (définitivement) levée.
- Je vous propose de clore ici la séance.
- La séance est ajournée.
- Je prononce l'ajournement de la séance.
- Mesdames et Messieurs, nous reprendrons nos travaux *demain à 9 heures.*
- La prochaine séance se tiendra *mardi à 9 heures.*

clore la conférence
- Je déclare close la *XXII°* Conférence *Internationale sur la Philatélie.*
- Je déclare clos le *IIIe* Congrès *International de l'Homéopathie.*

DÉLÉGUÉS, DÉLÉGATIONS

salutations, remerciements, souhaits
- Nous tenons à remercier *le gouvernement de votre pays* de cette invitation ...
- Que soient⁵ remerciés les organisateurs de ce congrès ...
- J'adresse, au nom de notre délégation, mes sincères félicitations au président de cette session ... ˙
- Nous souhaitons que cette rencontre ait⁵ des résultats positifs ...
- Je souhaite plein succès à cette conférence ...

interventions diverses
- Permettez-moi, M. le Président, de déposer/soulever une motion.
- Mme la Présidente, nous protestons (énergiquement) contre ce qui vient d'être dit.
- Je m'élève contre les affirmations de *M. Hashx.*
- Nous avons une objection (de principe) à soulever.
- J'estime que nous avons été mis en cause ; je réclame un droit de réponse.
- Permettez-moi d'émettre des réserves quant au déroulement des scrutins.

- Nous tenons à faire une réserve en ce qui concerne l'organisation du débat.
- Nous contestons le rapport des experts.
- M. le Président, nous demandons ...
   ... l'inscription d'un nouveau point à l'ordre du jour.
   ... l'ouverture d'un débat sur la procédure.
   ... une suspension de séance pour consultation.
   ... un délai de réflexion avant le vote.
   ... un éclaircissement sur l'article 14.
   ... une contre-expertise.

tour de parole

- Je demande la parole.
- Je demande à être entendu(e).
- Je parle en ma qualité d'*expert en droit international*.
- Je suis autorisé(e)/chargé(e) par *mon gouvernement* à/de faire la déclaration suivante : ...
- Je vous remercie de m'avoir accordé la parole.
- Permettez-moi de conserver la parole.
- Je cède avec plaisir mon tour de parole à *la délégation d'Andorre*.
- Je renonce à mon tour de parole.

- Je me réserve le droit de répondre.
- Je retire ce que j'ai dit.
- Je propose que cette communication ne figure pas au procès-verbal.
- Nous nous en remettons au président pour faire valoir notre droit de réponse.

▶ PAROLE

DÎNER

RECEVOIR/ÊTRE REÇU

À L'ENTRÉE

l'hôte/l'hôtesse
- Entrez, je vous en prie !
- Donnez-moi votre manteau.

échange de salutations, les invités offrent un petit cadeau

les invités
- Tenez, c'est pour vous.
- J'ai pensé que cela vous ferait plaisir.
- Je vous ai apporté quelques fleurs/des chocolats/...

- Oh ! Il ne fallait pas !
- C'est très gentil à vous. Merci !

- Mais, je vous en prie.

- Passons au salon.
- Asseyez-vous, je vous en prie !
- Installez-vous, je vous en prie !

L'APÉRITIF
- Qu'est ce que je vous sers ?
- Qu'est-ce que vous voulez boire ?
- Qu'est-ce que je vous offre ?
- Qu'est-ce que vous prenez comme apéritif ?
- Il y a du porto, du pastis, des jus de fruit, des boissons sans alcool ...

- Je prendrais bien du pastis.
- Je veux bien un peu de porto.

- À votre santé !

- À votre santé !

- Vous avez des amuses-gueules
sur la table.
- Servez-vous.

À TABLE

- Voulez-vous passer à table ?
- Nous pouvons passer à table.
- Vous voulez vous mettre là,
à côté de M. Roy ...
- Bon appétit !

- Bon appétit !

- Vous reprenez un peu de gratin ?

- Volontiers/avec plaisir.
- Puisque vous insistez.
- (Non,) merci, c'était vraiment
délicieux, mais ...

- Vous êtes sûr(e) ? Allez, prenez-en
encore un peu ...
- Vraiment, vous n'en voulez plus ?

- Non, vraiment.
- Merci, sans façon !

à un moment du repas, un compliment pour l'hôtesse ou l'hôte de maison

- C'est délicieux !
- C'est un vrai délice !
- Excellent(e)... !

APRÈS LE REPAS

- Passons au salon pour le café.
- Vous voulez un cognac, un calvados,
une liqueur ... ?

> - Je prendrais bien un petit calvados, s'il vous plaît.

> - Oh! Il commence à se faire tard; il va falloir que nous partions[s] .
> - Il va falloir que nous vous laissions[s] .
> - Il est déjà l'heure ...
> - Merci pour cette excellente soirée/ce repas magnifique/ce dîner délicieux/...
> - Je vous remercie. Nous avons passé une très agréable soirée.
> - C'était très sympathique.

- Merci d'être venu(s).
- Tout le plaisir était pour nous.

➤ INVITATION
➤ ACCUEILLIR: des collègues, des amis chez soi
➤ SALUTATIONS

RÉSERVATIONS

en général

- Pour quelle date ?
- Pour quel jour ?

- Pour la semaine prochaine.
- Pour la semaine du 7 au 13 avril.
- Pour le 7 avril.

- À partir de quand ?
- Jusqu'à quand ?
- De quand à quand ?

- À partir du 7 avril.
- Jusqu'au 20 avril.
- Du 7 au 20 avril.

- Pour combien de jours/nuits ?

- Pour une/deux semaines
(pour 15 jours).
- Pour la nuit du 22 au 23 avril.
- Pour 3 nuits.

À L'HÔTEL

- Je voudrais réserver une chambre.
- ... pour une/deux personne/s.
- ... avec douche/salle de bain.
- C'est à quel prix ?
- Le petit déjeuner est compris ?
- Vous faites restaurant ?
- Vous avez un garage/parking ?
- On peut envoyer des fax, des messages électroniques de votre hôtel ?
- Il y a une table de travail ?

vous arrivez
- Nous avons réservé une chambre au nom de Vincent.

avant votre départ
- Vous pouvez me préparer la note pour demain 7 heures, s'il vous plaît ?

LOUER UNE VOITURE

- Je voudrais louer une voiture.
- Pouvez-vous me donner les tarifs/conditions de location ?

> - Vous voulez quel type de voiture ?
> - Pour quand ? Pour combien de temps ?

- Je la prendrais demain, pour deux semaines.
- Je peux la laisser à Genève/à l'aéroport/... ?

TRAIN

- Pouvez-vous me dire à quelle heure il y a un TGV/un train pour *Bruxelles, demain matin* ?
- Est-ce que vous pouvez me donner les horaires des trains pour *Pau* ?
- Est-ce que c'est un train direct ?
- ... ou est-ce qu'il faut changer à *Bordeaux* ?
- Est-ce qu'il y a une correspondance à *Bordeaux* ?
- Je voudrais un aller-retour, deuxième classe, *Paris-Nice*.
- Je voudrais une couchette dans le train de nuit pour *Marseille*.
- Je voudrais réserver une place non-fumeur dans le TGV *Paris-Strasbourg de 8h55* pour *le 19 avril*.
- Je voudrais un aller-retour *Paris-Poitiers*, deuxième classe, avec une réduction "congrès".
- Je suis intéressé(e) par la formule "train + hôtel", est-ce que je pourrais avoir des renseignements, s'il vous plaît ?

- De quelle voie part le TGV numéro 834 ?
- Où est-ce que je peux composter mon billet ?
- Où est la consigne (à bagages) ?
- D'où partent les trains de banlieue/les grandes lignes ?
- Où se trouve le distributeur automatique de billets de train, s'il vous plaît ?

AVION

- J'aimerais avoir les horaires des avions pour *Londres en fin de journée*.
- Je voudrais une place "affaires" dans l'avion de *Londres du 17 mars*, départ de Roissy à *8h40*, (c'est le vol *AF117*).
- C'est bien le RER (Réseau Express Régional) ligne B qui va à Roissy-Charles-de-Gaulle ?

la navette

- D'où part la navette pour la gare RER ?
- Dans combien de temps passe la prochaine navette... ?

TRANSPORTS EN COMMUN

métro, RER

- Où est la station de métro la plus proche ?
- Je voudrais un carnet (de 10 tickets), s'il vous plaît.
- Je voudrais un coupon hebdomadaire 3 zones (de carte orange*).
(*carte d'abonnement à la semaine ou au mois)
- Pour aller à *Invalides*, il faut changer *à Opéra*, n'est-ce pas ?
- Est-ce que je pourrais avoir un plan de métro et de bus, s'il vous plaît ?
- Quel RER va à *Versailles* ?

> - Vous pouvez prendre le RER C à *Saint-Michel-Notre-Dame*, quai B. Prenez le couloir de correspondance, à droite.

bus, tram

- Quel bus va à *l'Opéra* ?

> - Le 27, il y a un arrêt à 50 mètres.

- Il y a des 67 tous les combien ?
> - Toutes les dix minutes.

- Jusqu'à quelle heure il y a des bus pour *la Porte Maillot* ?

TAXI

réserver un taxi pour le lendemain

- Voilà. Je suis à *Savigny*, *en banlieue sud*, et je voudrais être à *Roissy Charles-de-Gaulle demain matin, avant 8 heures 30*.

- Faites-moi un reçu, s'il vous plaît

RETIRER DE L'ARGENT

- Pardon. Je cherche un distributeur de billets (DAB).
- Pouvez- vous me dire où il y a un bureau de change ?
- À quelle heure la banque est ouverte ?
- À quelle heure la banque ferme ?

DANS LES MAGASINS

- Le rayon chaussures/lingerie/..., s'il vous plaît ?
> - Au rez-de-chaussée, à gauche.

> - Je peux vous aider ?

- Je regarde seulement.
- Je jette juste un coup d'oeil.

- Je cherche ...
- Vous pouvez me montrer ...
- Je voudrais essayer ...
- C'est un peu petit. Vous avez une taille au-dessus ?

- C'est combien?

- Vous pourriez me dire le prix de ...

> - C'est 300 euros.
> - C'est avantageux.

- Vous faites la détaxe?
- Le prix indiqué est hors-taxe (H.T.) ou toutes taxes comprises (T.T.C.) ?

> - Vous réglez comment ? En espèces (en liquide), par carte de crédit, par chèque (de voyage) ?

- Vous pouvez faire livrer à mon hôtel ?

MÉDECIN, DENTISTE ...

- Je voudrais consulter un médecin généraliste/un spécialiste/un dentiste.
- Je voudrais prendre rendez-vous chez un docteur/un dentiste/...
- Je suis allergique aux pollens/à ...
- J'ai mal à la tête/...
- Je n'ai mal nulle part mais ...
- Je me sens fatigué(e).
- J'ai mal aux dents ...
- J'ai des problèmes cardiaques/ ...
- Je voudrais aller à l'hôpital/au C.H.U. (Centre hospitalo-universitaire)/ au dispensaire/aux urgences/...
- Je voudrais les coordonnées du médecin de garde/d'une pharmacie de garde.

➤ RENDEZ-VOUS

SERVICES D'URGENCE

- Quel est le numéro de téléphone du SAMU (service d'aide médicale d'urgence)/des pompiers/de la police ?

AFNOR	Association Française de Normalisation
AFRESCO	Association Française de Recherches et Statistiques Commerciales
ANPE	Agence Nationale pour l'Emploi
CCI	Chambre de Commerce et d'Industrie
CDD	contrat à durée déterminée
CDI	contrat à durée indéterminée
C.E.	Communautés Européennes
C.H.U.	Centre Hospitalier Universitaire
CNRS	Centre National de la Recherche Scientifique
COFACE	Compagnie Française d'Assurance pour le Commerce Extérieur
C.V.	Curriculum Vitae
DAB	distributeur automatique de billets
DOM-TOM	Départements et Territoires d'Outre-Mer
FMI	Fonds Monétaire International
E.E.E.	Espace Économique Européen
E.N.A.	École Nationale d'Administration
F.N.S.E.A.	Fédération Nationale des Syndicats d'Exploitants Agricoles
H.E.C.	École des Hautes Études Commerciales
H.T.	hors taxe
INSEE	Institut National de la Statistique et des Études Économiques
J.O.	Journal Officiel
MAE	Ministère Français des Affaires Étrangères
OCDE	Organisation de Coopération et de Développement Économique
OIT	Organisation Internationale du Travail
OMC	Organisation Mondiale du Commerce
OMS	Organisation Mondiale de la Santé
ONG	organisation non gouvernementale
ONU	Organisation des Nations Unies

OPA	offre publique d'achat
OPE	offre publique d'échange
PDG	président-directeur général
P.J.	pièce(s) jointe(s)
PME	petite et moyenne entreprise
PMI	petite et moyenne industrie
PNB	produit national brut
R.S.V.P.	répondez, s'il vous plaît
S.A.	société anonyme
SAMU	Service d'Assistance Médicale d'Urgence
S.A.R.L.	société à responsabilité limitée
S.V.P.	s'il vous plaît
TIC	Technologies de l'Information et de la Communication
T.T.C.	toutes taxes comprises
T.V.A.	taxe sur la valeur ajoutée
UE	Union Européenne
V.P.C.	vente par correspondence

NOTES

NOTES

NOTES

NOTES

Achevé d'imprimer en Juin 2000
Dépôt légal : Juin 2000
N° d'impression : 14259